주석
원불교 정전

WON BOOK 원불교출판사

정전 : 원불교의 기본경전으로 10종 교서(十種敎書) 가운데 으뜸 경전이다. 소태산 대종사가 만년에 친찬(親撰)한 경전으로 원불교의 교리강령과 구세경륜을 담고 있다.

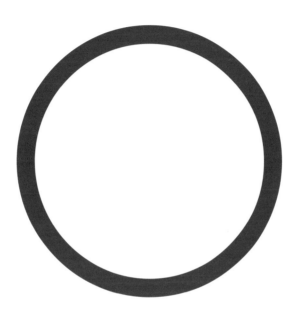

물질(物質)이 개벽(開闢)되니

정신(精神)을 개벽(開闢)하자

처처불상(處處佛像)

사사불공(事事佛供)

무 시 선(無時禪)

무 처 선(無處禪)

동정일여(動靜一如)

영육쌍전(靈肉雙全)

불법시생활(佛法是生活)

생활시불법(生活是佛法)

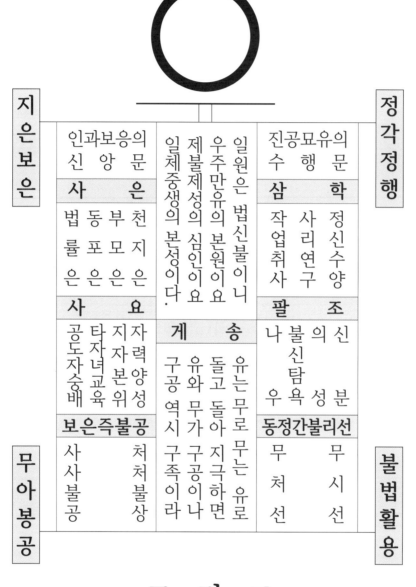

지은보은　　정각정행

무아봉공　　불법활용

일원은 법신불이니
우주만유의 본원이요
제불제성의 심인이요
일체중생의 본성이다.

인과보응의 신앙문　　진공묘유의 수행문

사은　　삼학
천지은 부모은 동포은 법률은　　정신수양 사리연구 작업취사

사요　　팔조
자력양성 지자본위 타자녀교육 공도자숭배

게송
유는 무로 무는 유로
돌고 돌아 지극하면
유와 무가 구공이나
구공 역시 구족이라

신 분 의 성
불신 탐욕 나태 우치

보은즉불공
처처불상 사사불공

동정간불리선
무시선 무처선

교 리 도

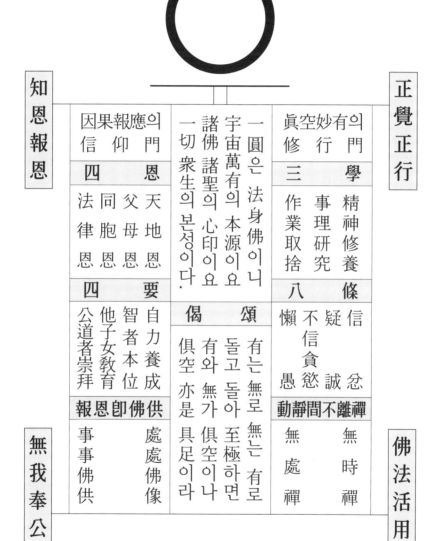

教理圖

○차례

正典

제3 수행편(修行編)

正典

제1 총서편

總序編

제1장 개교의 동기

　현하 과학의 문명이 발달됨에 따라 물질을 사용하여야 할 사람의 정신은 점점 쇠약하고, 사람이 사용하여야 할 물질의 세력은 날로 융성하여, 쇠약한 그 정신을 항복 받아 물질의 지배를 받게 하므로, 모든 사람이 도리어 저 물질의 노예 생활을 면하지 못하게 되었으니, 그 생활에 어찌 파란 고해(波瀾苦海)가 없으리요.

　그러므로, 진리적 종교의 신앙과 사실적 도덕의 훈련으로써 정신의 세력을 확장하고, 물질의 세력을 항복 받아, 파란 고해의 일체 생령을 광대무량한 낙원(樂園)으로 인도하려 함이 그 동기니라.

총서(總序) 첫 머리에 있는 전체적인 머리말.

개교(開敎) 원불교의 문을 엶.

현하(現下) 오늘날. 현재. 현 시대의 상황은.

과학의 문명(科學－文明) 인간의 생활을 편리하게 하는 과학의 발전을 총칭하는 말. 과학은 사물의 이치를 객관적이고 합리적으로 연구하는 학문. '과학의 문명'이란 산업시대 이후 발달한 산업 정보 등의 기술로 형성된 문명.

물질(物質) 물질 문명. 과학의 발달이 가져온 기술의 산물, 문명의 이기, 지식 정보 등.

정신(精神) 본래 마음. 본래 마음을 회복하고 발현시키는 일체의 정신 문명.

파란 고해(波瀾苦海) "크고 작은 물결이 한없이 일고 있는 고통의 바다"라는 의미로 괴로운 중생의 세계를 비유하여 이르는 말.

진리적 종교의 신앙(眞理的宗敎－信仰) 참된 이치를 밝힌 종교를 바르게 믿음.

사실적 도덕의 훈련(事實的道德－訓練) 진리에 근거하여 인간의 삶과 인격을 실질적으로 향상시키는 도덕훈련.

일체 생령(一切生靈) 영식(靈識)이 있는 모든 존재.

광대무량(廣大無量) 헤아릴 수 없이 넓고 큼.

제2장 교법의 총설

불교는 **무상 대도**(無上大道)라 그 진리와 **방편**이 호대하므로 여러 **선지식**(善知識)이 이에 근원하여 각종 각파로 분립하고 포교문을 열어 많은 사람을 가르쳐 왔으며, 세계의 모든 종교도 그 근본되는 원리는 본래 하나이나, 교문을 **별립하여** 오랫동안 제도와 방편을 달리하여 온 만큼 교파들 사이에 서로 융통을 보지 못한 일이 없지 아니하였나니, 이는 다 모든 종교와 종파의 근본 원리를 알지 못하는 **소치**라 이 어찌 **제불 제성의 본의**시리요.

그중에도, 과거의 불교는 그 제도가 **출세간**(出世間) **생활**하는 승려를 본위하여 조직이 되었는지라, 세간 생활하는 일반 사람에 있어서는 모든 것이 서로 맞지 아니하였으므로, 누구나 불교의 참다운 신자가 되기로 하면 세간 생활에 대한 의무와 책임이며 직업까지라도 **불고**하게 되었나니, 이와 같이 되고 보면

교법의 총설(教法-總說) 원불교 가르침의 큰 줄거리.

무상 대도(無上大道) 가장 높고 큰 도.

방편(方便) 부처가 중생을 구제하기 위하여 사용하는 다양한 방법. 비유적 가르침, 제도, 의식 등.

호대(浩大) 매우 넓고 큼.

선지식(善知識) 불법을 잘 수행하여 뛰어난 지혜와 덕을 갖춘 사람.

별립하여(別立-) 따로 세워.

소치(所致) 까닭. 탓.

제불 제성의 본의(諸佛諸聖-本意) 모든 부처와 성자들의 근본 뜻.

출세간(出世間) 생활 세속을 벗어나 수도에만 전념하는 생활.

불고(不顧) 돌아보거나 돌보지 않음.

아무리 불법이 좋다 할지라도 너른 세상의 많은 생령이 다 **불은(佛恩)**을 입기 어려울지라, 이 어찌 **원만한 대도**라 하리요.

그러므로, 우리는 **우주 만유의 본원**이요, **제불 제성의 심인(心印)**인 **법신불 일원상**을 신앙의 대상과 수행의 표본으로 모시고, 천지·부모·동포·법률의 **사은(四恩)**과 수양·연구·취사의 **삼학(三學)**으로써 신앙과 수행의 **강령**을 정하였으며, 모든 종교의 **교지(教旨)**도 이를 통합 활용하여 광대하고 원만한 종교의 신자가 되자는 것이니라.

불은(佛恩) 부처와 불법의 은혜.

원만한 대도(圓滿-大道) 결함 없이 모든 것을 다 갖춘 큰 가르침.

우주 만유의 본원(宇宙萬有-本源) 우주에 있는 모든 존재, 현상, 이치의 근원.

제불 제성의 심인(諸佛諸聖-心印) 모든 부처와 성자들이 마음으로 전하는 깨달음의 경지.

법신불(法身佛) 진리 부처님.

일원상(一圓相) 한 둥근 모습(○)으로 원불교 교조(소태산 박중빈 대종사)가 제시한 법신불의 상징. 일원(一圓), 원상(圓相) 등으로 표현하기도 함.

사은(四恩) 법신불의 네 가지 은혜. 천지은, 부모은, 동포은, 법률은.

삼학(三學) 법신불 일원상을 표본 삼아 인격을 함양해가는 세 가지 수행 방법.

강령(綱領) 일의 근본이 되는 큰 줄거리.

교지(教旨) 근본이 되는 가르침 혹은 교리.

제2 교의편

教義編

제1장 일원상

제1절 일원상의 진리

일원(一圓)은 **우주 만유의 본원**이며, **제불 제성의 심인**이며, 일체 중생의 **본성**이며, **대소 유무(大小有無)**에 분별이 없는 자리며, **생멸 거래**에 변함이 없는 자리며, **선악 업보**가 끊어진 자리며, **언어 명상(言語名相)**이 돈공(頓空)한 자리로서 **공적 영지(空寂靈知)**의 광명을 따라 대소 유무에 분별이 나타나서 선악 업보에 차별이 생겨나며, 언어 명상이 **완연**하여 **시방 삼계(十方三界)**가 장중

우주 만유의 본원(宇宙萬有-本源) 우주에 있는 모든 존재, 현상, 이치의 근원.

제불 제성의 심인(諸佛諸聖-心印) 모든 부처와 성자들이 마음으로 전하는 깨달음의 경지.

본성(本性) 본래 마음. 성품, 자성, 진성, 불성 등으로도 표현함.

대소 유무(大小有無) 우주의 모든 이치를 이해하기 위한 기본적 인식의 틀. 대는 우주만유의 본체, 소는 만상이 형형색색으로 구별되어 있음, 유무는 천지 만물의 변화.

생멸 거래(生滅去來) 삶과 죽음의 끝없는 오고 감. 생사윤회.

선악 업보(善惡業報) 선악의 업(행위)과 그에 따른 과보.

언어 명상(言語名相) 말과 글과 이름과 형상.

돈공(頓空) 완전히 텅 빔. 어떤 표현으로도 드러낼 수 없음.

공적 영지(空寂靈知) 텅 비어 고요한 가운데 신령스럽게 앎.

완연(宛然) 뚜렷하고 분명한 모양.

시방 삼계(十方三界) 온 우주. 시방은 동·서·남·북·동남·서남·동북·서북의 8방과 상·하를 합친 전체 공간. 삼계는 욕계(欲界), 색계(色界), 무색계(無色界)로 중생들이 윤회하는 세계.

(掌中)에 한 구슬같이 드러나고, **진공 묘유**의 조화는 우주 만유를 통하여 **무시 광겁**(無始曠劫)에 **은현 자재**(隱顯自在)하는 것이 곧 일원상의 진리니라.

제2절 일원상의 신앙

일원상의 진리를 우주 만유의 본원으로 믿으며, 제불 제성의 심인으로 믿으며, 일체 중생의 본성으로 믿으며, 대소 유무에 분별이 없는 자리로 믿으며, 생멸 거래에 변함이 없는 자리로 믿으며, 선악 업보가 끊어진 자리로 믿으며, 언어 명상이 돈공한 자리로 믿으며, 그 없는 자리에서 공적 영지의 광명을 따라 대소 유무에 분별이 나타나는 것을 믿으며, 선악 업보에 차별이 생겨나는 것을 믿으며, 언어 명상이 완연하여 시방 삼계가 장중에 한 구슬같이 드러나는 것을 믿으며, 진공 묘유의 조화는 우주 만유를 통하여 무시광겁에 은현 자재하는 것을 믿는 것이 곧 일원상의 신앙이니라.

장중(掌中) 손바닥 안.
진공 묘유(眞空妙有) 참으로 텅 빈 가운데 신묘하고 충만함 또는 충만한 작용.
무시 광겁(無始曠劫) 시작도 끝도 없는 무한한 세월.
은현 자재(隱顯自在) 숨고 드러남이 걸림 없이 펼쳐짐.

제3절 일원상의 수행

일원상의 진리를 신앙하는 동시에 수행의 표본을 삼아서 일원상과 같이 **원만 구족(圓滿具足)**하고 **지공 무사(至公無私)**한 각자의 마음을 알자는 것이며, 또는 일원상과 같이 원만 구족하고 지공 무사한 각자의 마음을 **양성**하자는 것이며, 또는 일원상과 같이 원만 구족하고 지공 무사한 각자의 마음을 사용하자는 것이 곧 일원상의 수행이니라.

제4절 일원상 서원문

일원은 **언어도단(言語道斷)**의 **입정처(入定處)**이요, 유무 초월의 생사문(生

원만 구족(圓滿具足) 부족함도 없고 결함도 없이 모든 것을 완전히 갖춤.

지공 무사(至公無私) 지극히 공정하여 사사로움이 없음.

양성(養成) 기르고 회복하여 간직함.

일원상 서원문(一圓相誓願文) 일원의 위력을 얻고 일원의 체성에 합하기를 간절히 염원하고 다짐하는 글. 발원문.

언어도단(言語道斷) 말과 글의 길이 끊어졌다는 뜻. 생각으로 헤아릴 수 없고, 언어로 표현할 수 없음.

입정처(入定處) 모든 분별이 끊어지고 번뇌가 사라진 선정(禪定)의 경지.

유무초월(有無超越) 모든 존재의 있고 없는 변화를 넘어섬. 있다고도 할 수 없고 없다고도 할 수 없는 진리의 모습.

死門)인 바, 천지·부모·동포·법률의 본원이요, **제불·조사·범부·중생**의 성품으로 **능이성 유상(能以成有常)**하고 **능이성 무상(無常)**하여 유상으로 보면 **상주 불멸**로 **여여 자연(如如自然)**하여 **무량 세계**를 전개하였고, 무상으로 보면 우주의 **성·주·괴·공(成住壞空)**과 만물의 생·로·병·사(生老病死)와 **사생(四生)**의 **심신 작용**을 따라 육도(六途)로 변화를 시켜 혹은 **진급으로 혹은 강급**으로 혹은 **은생어해(恩生於害)**로 혹은 **해생어은(害生於恩)**으로 이와 같이 무량 세계

생사문(生死門) 마음과 만물이 생성하고 소멸하는 조화(造化)의 문

제불·조사·범부·중생(諸佛·祖師·凡夫·衆生) 제불조사는 깨달음을 얻은 지혜로운 성자. 범부·중생은 깨달음을 얻지 못한 어리석은 자. 제불은 모든 부처. 조사는 불법을 깊이 수행하여 부처님의 뜻을 이어받아 전하는 사람. 범부는 지혜가 얕고 어리석은 사람. 중생은 부처의 구제 대상이 되는 인간을 포함한 일체 생령.

성품(性稟) 본래 마음. 자성, 본성, 진성, 불성 등으로도 표현함.

능이성 유상(能以成有常) 능히 유상으로 드러남. 유상은 영원불변함을 뜻함.

능이성무상(能以成無常) 능히 무상으로 드러남. 무상은 끊임없이 생멸변화함을 뜻함.

상주불멸(常住不滅) 항상 있어서 영원히 없어지지 않음.

여여자연(如如自然) 변함없이 그대로 있는 모습.

무량 세계(無量世界) 헤아릴 수 없는 무한한 세계.

성·주·괴·공(成住壞空) 우주 자연이 변화하는 순환 과정 또는 모습. 생성(成), 머물러 있음(住), 무너짐(壞), 소멸(空).

사생(四生) 일체 생령이 태어나는 네 가지 유형. 태생은 태를 통해 태어나는 것. 난생은 알로 태어나는 것. 습생은 습지에서 태어나는 것. 화생은 의지한데 없이 태어나는 것.

심신 작용(心身作用) 몸과 마음을 사용함.

육도(六途) 일체생령이 윤회하는 여섯 가지 세계. 천상, 인간, 수라, 축생, 아귀, 지옥.

진급(進級) 혹은 강급(降級) 육도로 윤회할 때의 향상됨과 떨어짐.

은생어해(恩生於害) (심신작용을 따라) 해로움에서 은혜가 생겨나기도 함.

해생어은(害生於恩) (심신작용을 따라) 은혜에서 해로움이 생겨나기도 함.

를 전개하였나니, 우리 어리석은 중생은 이 **법신불 일원상**을 **체 받아서** 심신을 원만하게 **수호**하는 공부를 하며, 또는 **사리**를 원만하게 아는 공부를 하며, 또는 심신을 원만하게 사용하는 공부를 지성으로 하여 진급이 되고 은혜는 입을지언정, 강급이 되고 해독은 입지 아니하기로써 **일원의 위력**을 얻도록까지 서원하고 일원의 **체성(體性)**에 합하도록까지 서원함.

제5절 일원상 법어

 이 원상(圓相)의 진리를 **각(覺)**하면 시방 삼계가 다 **오가(吾家)의 소유**인 줄을 알며, 또는 우주 만물이 이름은 각각 다르나 둘이 아닌 줄을 알며, 또는 제불·조사와 범부·중생의 성품인 줄을 알며, 또는 생·로·병·

법신불 일원상(法身佛 一圓相) 원불교 신앙의 대상, 수행의 표본. 진리 부처님의 원만 구족하고 지공 무사한 모습.

체(體) 받아서 표준으로 삼아. 본받아서.

수호(守護) 지키고 보존함.

사리(事理) 일과 이치.

일원의 위력(一圓-威力) 법신불의 큰 힘과 은혜.

체성(體性) 법신불 자체. 법신불 본래 그 자리.

일원상 법어(一圓相法語) 일원상 진리를 깨달아 실천하는 경지에 대한 말씀.

각(覺) 깨달음.

오가(吾家)의 소유 나의 소유.

사의 이치가 춘·하·추·동과 같이 되는 줄을 알며, **인과 보응의 이치**가 **음양 상승(陰陽相勝)**과 같이 되는 줄을 알며, 또는 원만 구족한 것이며 지공 무사한 것인 줄을 알리로다.

○ 이 원상은 눈을 사용할 때에 쓰는 것이니
원만 구족한 것이며 지공 무사한 것이로다.

○ 이 원상은 귀를 사용할 때에 쓰는 것이니
원만 구족한 것이며 지공 무사한 것이로다.

○ 이 원상은 코를 사용할 때에 쓰는 것이니
원만 구족한 것이며 지공 무사한 것이로다.

○ 이 원상은 입을 사용할 때에 쓰는 것이니
원만 구족한 것이며 지공 무사한 것이로다.

○ 이 원상은 몸을 사용할 때에 쓰는 것이니
원만 구족한 것이며 지공 무사한 것이로다.

○ 이 원상은 마음을 사용할 때에 쓰는 것이니
원만 구족한 것이며 지공 무사한 것이로다.

인과 보응의 이치(因果報應-理致) 지은 바(원인)에 따라 반드시 결과를 받게 되는 원리.
음양상승(陰陽相勝) 음과 양의 두 기운이 서로 작용하여 천지 만물을 생성 변화시키는 원리.

제6절 게송

유(有)는 **무(無)**로 무는 유로

돌고 돌아 **지극(至極)**하면

유와 무가 **구공(俱空)**이나

구공 역시 **구족(具足)**이라.

게송(偈頌) 깨달음의 경지를 표현한 시구(詩句).

유(有) 끊임없이 생멸 변화하는 현상의 세계. 무상(無常). 변하는 자리.

무(無) 영원불변하는 본체의 세계. 유상(有常). 불변하는 자리.

지극(至極) 더할 수 없이 극진하다.

구공(俱空) 모두 텅 비어 있음. 유라고도 할 수 없고, 무라고도 할 수 없는 경지.

구족(具足) 온전히 갖추어 있음. 유와 무를 다 갖추고 있는 경지.

제2장 사은

제1절 천지은

1. 천지 피은(被恩)의 강령

우리가 천지에서 입은 은혜를 가장 쉽게 알고자 할진대 먼저 마땅히 천지가 없어도 이 존재를 **보전**하여 살 수 있을 것인가 하고 생각해 볼 것이니, 그런다면 아무리 **천치(天痴)**요 **하우자(下愚者)**라도 천지 없어서는 살지 못할 것을 다 인증할 것이다. 없어서는 살지 못할 관계가 있다면 그 같이 큰 은혜가 또 어디 있으리요.

대범, 천지에는 도(道)와 덕(德)이 있으니, **우주의 대기(大機)**가 자동적으로 운행하는 것은 천지의 도요, 그 도가 행함에 따라 나타나는 결과는 천지의 덕이라, 천지의 도는 지극히 밝은 것이며, 지극히 정성한 것이며, 지극히 공정한

사은(四恩) 법신불의 네 가지 은혜. 천지은, 부모은, 동포은, 법률은.

피은(被恩) 은혜 입음.

강령(綱領) 일의 근본이 되는 큰 줄거리.

보전(保全) 온전하게 보호하여 유지함.

천치(天痴) 지능이 아주 낮고 정신이 박약한 사람.

하우자(下愚者) 아주 어리석은 사람.

대범(大凡) 무릇. 대체로.

우주의 대기(大機) 우주가 운행되는 큰 기틀. 구조와 조화(造化).

것이며, **순리 자연**한 것이며, **광대 무량**한 것이며, 영원 불멸한 것이며, 길흉이 없는 것이며, **응용에 무념(無念)**한 것이니, 만물은 이 **대도**가 유행되어 **대덕**이 나타나는 가운데 그 생명을 지속하며 그 **형각(形殼)**을 보존하나니라.

2. 천지 피은의 조목

1. 하늘의 공기가 있으므로 우리가 호흡을 통하고 살게 됨이요,

2. 땅의 바탕이 있으므로 우리가 형체를 의지하고 살게 됨이요,

3. 일월의 밝음이 있으므로 우리가 **삼라 만상**을 분별하여 알게 됨이요,

4. 풍·운·우·로(風雲雨露)의 혜택이 있으므로 만물이 **장양(長養)**되어 그 산물로써 우리가 살게 됨이요,

5. 천지는 생멸이 없으므로 만물이 그 도를 따라 **무한한 수(壽)**를 얻게 됨이니라.

순리 자연(順理自然) 자연의 이치에 따라 순서 있게 저절로 운행 되는 것.

광대 무량(廣大無量) 헤아릴 수 없이 넓고 큼.

응용(應用)에 무념 온갖 조화로 은혜를 베풀되 '베푼다'는 생각이나 흔적이 없는 것.

대도(大道) 천지의 큰 도.

유행(流行) 널리 퍼져 운행됨.

대덕(大德) 천지의 큰 덕.

형각(形殼) 사물의 형체나 겉모양.

삼라 만상(森羅萬象) 우주에 펼쳐져 있는 모든 존재와 현상.

장양(長養) 크고 자라며 길러짐.

무한한 수(壽) 영원한 생명. 수명.

3. 천지 보은(報恩)의 강령

사람이 천지의 은혜를 갚기로 하면 먼저 마땅히 그 도를 체 받아서 실행할 것이니라.

4. 천지 보은의 조목

1. 천지의 지극히 밝은 도를 체 받아서 **천만 사리(事理)**를 연구하여 걸림 없이 알 것이요,

2. 천지의 지극히 정성한 도를 체 받아서 만사를 작용할 때에 **간단 없이 시종이 여일**하게 그 목적을 달할 것이요,

3. 천지의 지극히 공정한 도를 체 받아서 만사를 작용할 때에 **원·근·친·소(遠近親疎)**와 희·로·애·락(喜怒哀樂)에 끌리지 아니하고 오직 **중도**를 잡을 것이요,

4. 천지의 순리 자연한 도를 체 받아서 만사를 작용할 때에 합리와 불합리를 분석하여 합리는 취하고 불합리는 버릴 것이요,

5. 천지의 광대 무량한 도를 체 받아서 **편착심(偏着心)**을 없이할 것이요,

보은(報恩) 은혜에 감사하고 보답함.
천만(千萬) 사리 수없이 많은 인간의 일과 우주의 이치.
간단 없이(間斷—) 끊임없이.
시종이 여일(始終—如一) 시작과 끝이 한결 같음.
원·근·친·소(遠近親疎) 멀고 가깝고 친하고 친하지 않은 다양한 인간관계.
중도(中道) 한 편에 기울지 않고 넘치거나 모자람이 없이 꼭 알맞음.
편착심(偏着心) 한 편에 치우쳐 집착하는 마음.

6. 천지의 영원 불멸한 도를 체 받아서 만물의 **변태**와 인생의 생·로·병·사에 **해탈(解脫)**을 얻을 것이요,

7. 천지의 길흉 없는 도를 체 받아서 길한 일을 당할 때에 흉할 일을 발견하고, 흉한 일을 당할 때에 길할 일을 발견하여, 길흉에 끌리지 아니할 것이요,

8. 천지의 응용 무념(應用無念)한 도를 체 받아서 **동정 간 무념**의 도를 양성할 것이며, 정신·육신·물질로 은혜를 베푼 후 그 **관념**과 **상(相)**을 없이 할 것이며, 혹 저 **피은자**가 배은 망덕을 하더라도 전에 은혜 베풀었다는 일로 인하여 더 미워하고 원수를 맺지 아니할 것이니라.

5. 천지 배은(背恩)

천지에 대한 피은·보은·배은을 알지 못하는 것과 설사 안다 할지라도 보은의 실행이 없는 것이니라.

변태(變態) 변화하는 모습.

해탈(解脫) 모든 속박에서 벗어난 자유로움.

동정 간(動靜間) 일이 있을 때와 없을 때. 언제 어디서나 항상.

무념(無念) 집착이나 흔적이 없는 허공 같은 마음.

관념(觀念) 일이 지난 뒤에도 남아 있는 생각.

상(相) 집착으로 마음에 남아있는 흔적.

피은자(被恩者) 은혜 입은 사람.

배은(背恩) 은혜를 저버림.

6. 천지 보은의 결과

우리가 천지 보은의 조목을 일일이 실행한다면 천지와 내가 둘이 아니요, 내가 곧 천지일 것이며 천지가 곧 나일지니, 저 하늘은 비록 **공허**하고 땅은 침묵하여 직접 **복락(福樂)**은 내리지 않는다 하더라도, 자연 천지같은 위력과 천지같은 수명과 일월같은 밝음을 얻어 **인천 대중(人天大衆)**과 세상이 곧 천지같이 우대할 것이니라.

7. 천지 배은의 결과

우리가 만일 천지에 배은을 한다면 곧 천벌을 받게 될 것이니, 알기 쉽게 그 **내역**을 말하자면 **천도(天道)**를 본받지 못함에 따라 응당 사리 간에 무식할 것이며, 매사에 정성이 적을 것이며, 매사에 **과불급**한 일이 많을 것이며, 매사에 불합리한 일이 많을 것이며, 매사에 편착심이 많을 것이며, 만물의 변태와 인간의 생·로·병·사와 길·흉·화·복을 모를 것이며, 덕을 써도 상에 집착하여 안으로 자만하고 밖으로 자랑할 것이니, 이러한 사람의 앞에 어찌 **죄해(罪害)**가

공허(空虛) 텅 비어 생각이 없음. 무심함.
복락(福樂) 행복함과 즐거움.
인천 대중(人天大衆) 인간계와 천상계의 수많은 대중.
내역(內譯) 자세하고 분명한 내용.
천도(天道) 천지의 도.
과불급(過不及) 지나치거나 모자람.
죄해(罪害) 죄벌과 해로움.

없으리요. 천지는 또한 **공적**하다 하더라도 우연히 돌아오는 **고(苦)**나 자기가 지어서 받는 고는 곧 천지 배은에서 받는 죄벌이니라.

제2절 부모은

1. 부모 피은의 강령
우리가 부모에게서 입은 은혜를 가장 쉽게 알고자 할진대, 먼저 마땅히 부모가 아니어도 이 몸을 세상에 나타내게 되었으며, 설사 나타났더라도 자력(自力) 없는 몸으로서 저절로 **장양**될 수 있었을 것인가 하고 생각해 볼 것이니, 그런다면 누구나 그렇지 못할 것은 다 인증할 것이다. 부모가 아니면 이 몸을 나타내지 못하고 장양되지 못한다면 그 같이 큰 은혜가 또 어디 있으리요.

대범, 사람의 생사라 하는 것은 **자연의 공도**요 **천지의 조화**라 할 것이지마는, 무자력할 때에 **생육(生育)**하여 주신 대은과 **인도의 대의**를 가르쳐 주심은 곧 부모 피은이니라.

공적(空寂) 텅 비고 고요하여 무심한 듯함.

고(苦) 괴로움. 고통.

장양(長養) 양육하여 성장시킴.

자연의 공도(自然-公道) 자연이 운행되는 공변된 이치로 누구나 밟지 않을 수 없는 길.

천지의 조화(天地-造化) 천지가 만물을 생성, 변화 시키는 작용.

생육(生育) 낳고 기름.

인도의 대의(人道-大義) 사람으로서 마땅히 행해야 할 도리.

2. 부모 피은의 조목

1. 부모가 있으므로 **만사 만리**의 근본되는 이 몸을 얻게 됨이요,

2. 모든 사랑을 이에 다하사 온갖 수고를 잊으시고 자력을 얻을 때까지 양육하고 보호하여 주심이요,

3. 사람의 의무와 책임을 가르쳐 인류 사회로 지도하심이니라.

3. 부모 보은의 강령

무자력할 때에 피은된 도를 보아서 힘 미치는 대로 무자력한 사람에게 보호를 줄 것이니라.

4. 부모 보은의 조목

1. **공부의 요도(要道)** 삼학·**팔조**와 **인생의 요도** 사은·**사요**를 빠짐 없이 밟을 것이요,

2. 부모가 무자력할 경우에는 힘 미치는 대로 **심지(心志)의 안락**과 **육체의 봉양**을 드릴 것이요,

만사 만리(萬事 萬理) 모든 일과 이치.

공부(工夫)의 요도(要道) 몸과 마음을 닦는(수행) 올바르고 요긴한 길.

팔조(八條) 삼학 수행을 촉진하는 신·분·의·성과 방해하는 불신·탐욕·나·우.

인생의 요도(人生-要道) 사람으로서 마땅히 행해야 할 올바르고 요긴한 길.

사요(四要) 은혜를 사회적으로 실현하여 평등세계를 건설하는 네 가지 요긴한 길. 자력양성, 지자본위, 타자녀 교육, 공도자 숭배.

심지(心志)의 안락(安樂) 마음과 뜻이 편안하고 즐거움.

육체의 봉양(肉體-奉養) 의식주와 건강 등 생활이 편안하도록 받들어 모심.

3. 부모가 생존하시거나 **열반(涅槃)**하신 후나 힘 미치는 대로 무자력한 타인의 부모라도 내 부모와 같이 보호할 것이요,

4. 부모가 열반하신 후에는 **역사**와 **영상**을 **봉안**하여 길이 기념할 것이니라.

5. 부모 배은

부모에 대한 피은·보은·배은을 알지 못하는 것과 설사 안다 할지라도 보은의 실행이 없는 것이니라.

6. 부모 보은의 결과

우리가 부모 보은을 한다면 나는 내 부모에게 보은을 하였건마는 세상은 자연히 나를 위하고 귀히 알 것이며, 사람의 자손은 선악 간에 그 부모의 행하는 것을 본받아 행하는 것이 피할 수 없는 이치인지라, 나의 자손도 마땅히 나의 보은하는 도를 본받아 나에게 효성할 것은 물론이요, 또는 무자력한 사람들을 보호한 결과 **세세 생생 거래** 간에 혹 나의 무자력한 때가 있다 할지라도 항상 **중인**의 도움을 받을 것이니라.

열반(涅槃) 돌아가심. 죽음.

역사(歷史) 삶의 자취. 행적.

영상(影像) 열반인의 초상이나 사진. 영정(影幀).

봉안(奉安) 받들어 모셔 둠.

세세 생생(世世生生) 태어나고 죽음을 되풀이 하는 수많은 생애.

거래(去來) 가고 옴. 즉 사람이 죽고 태어남.

중인(衆人) 여러 사람. 많은 사람.

7. 부모 배은의 결과

우리가 만일 부모에게 배은을 한다면 나는 내 부모에게 배은을 하였건마는 세상은 자연히 나를 미워하고 배척할 것이요, 당장 제가 낳은 제 자손도 그것을 본받아 직접 **앙화**를 끼칠 것은 물론이며, 또는 세세 생생 거래 간에 혹 나의 무자력할 때가 있다 할지라도 항상 중인의 버림을 받을 것이니라.

제3절 동포은

1. 동포 피은의 강령

우리가 동포에게서 입은 은혜를 가장 쉽게 알고자 할진대 먼저 마땅히 사람도 없고 **금수**도 없고 **초목**도 없는 곳에서 나 혼자라도 살 수 있을 것인가 하고 생각해 볼 것이니, 그런다면 누구나 살지 못할 것은 다 인증할 것이다. 만일, 동포의 도움이 없이, 동포의 의지가 없이, 동포의 공급이 없이는 살 수 없다면 그 같이 큰 은혜가 또 어디 있으리요.

대범, 이 세상은 사·농·공·상(士農工商)의 네 가지 **생활 강령**이 있고, 사람들은 그 강령 직업 하에서 활동하여, 각자의 소득으로 천만 물질을 서로 교환

앙화(殃禍) 온갖 재앙과 해로움.
금수(禽獸) 날짐승과 길짐승. 모든 동물.
초목(草木) 풀과 나무. 모든 식물.
생활 강령 (生活綱領) 사회적 역할 또는 직업의 큰 분류.

할 때에 오직 **자리이타(自利利他)**로써 서로 도움이 되고 피은이 되었나니라.

2. 동포 피은의 조목

1. 사(士)는 배우고 연구하여 모든 학술과 **정사**로 우리를 지도 교육하여 줌이요,

2. 농(農)은 심고 길러서 우리의 의식 원료를 제공하여 줌이요,

3. 공(工)은 각종 물품을 제조하여 우리의 **주처**와 수용품을 공급하여 줌이요,

4. 상(商)은 천만 물질을 교환하여 우리의 생활에 편리를 도와 줌이요,

5. 금수 초목까지도 우리에게 도움이 됨이니라.

3. 동포 보은의 강령

동포에게 자리이타로 피은이 되었으니 그 은혜를 갚고자 할진대, 사·농·공·상이 천만 학술과 천만 물질을 서로 교환할 때에 그 도를 체 받아서 항상 자리이타로써 할 것이니라.

4. 동포 보은의 조목

1. 사는 천만 학술로 **교화**할 때와 모든 정사를 할 때에 항상 공정한 자리에서 자리이타로써 할 것이요,

2. 농은 의식 원료를 제공할 때에 항상 공정한 자리에서 자리이타로써 할 것

자리이타(自利利他) 나와 다른 사람이 함께 이로움.

정사(政事) 가정·사회·국가·세계를 다스리는 일.

주처(住處) 사람이 기거하거나 살아가는 장소.

교화(敎化) 사람을 가르쳐 바르게 변화시킴.

이요,

3. 공은 주처와 수용품을 공급할 때에 항상 공정한 자리에서 자리이타로써 할 것이요,

4. 상은 천만 물질을 교환할 때에 항상 공정한 자리에서 자리이타로써 할 것이요,

5. 초목금수도 **연고** 없이는 꺾고 살생하지 말 것이니라.

5. 동포 배은

동포에 대한 피은·보은·배은을 알지 못하는 것과 설사 안다 할지라도 보은의 실행이 없는 것이니라.

6. 동포 보은의 결과

우리가 동포 보은을 한다면, 자리이타에서 감화를 받은 모든 동포가 서로 사랑하고 즐거워하여, 나 자신도 옹호와 우대를 받을 것이요, 개인과 개인끼리 사랑할 것이요, 가정과 가정끼리 친목할 것이요, 사회와 사회끼리 상통할 것이요, 국가와 국가끼리 평화하여 결국 상상하지 못할 이상의 세계가 될 것이니라.

그러나, 만일 전 세계 인류가 다 보은자가 되지 못할 때에, 혹 배은자의 장난으로 인하여 모든 동포가 **고해** 중에 들게 되면, **구세 성자**들이 **자비 방편**을 베

연고(緣故) 정당한 이유. 정당한 까닭.
고해(苦海) 괴로움의 바다. 고통스러운 세상.
구세 성자(救世聖者) 세상을 구원하는 성자.
자비 방편(慈悲方便) 자비로운 마음으로 중생을 구제하기 위하여 사용하는 다양한 방법.

푸사 도덕이나 정치나 혹은 무력으로 배은 중생을 **제도**하게 되나니라.

7. 동포 배은의 결과

우리가 만일 동포에게 배은을 한다면, 모든 동포가 서로 미워하고 싫어하며 서로 원수가 되어 개인과 개인끼리 싸움이요, 가정과 가정끼리 **혐극(嫌隙)**이요, 사회와 사회끼리 **반목(反目)**이요, 국가와 국가끼리 평화를 보지 못하고 전쟁의 세계가 되고 말 것이니라.

제4절 법률은

1. 법률 피은의 강령

우리가 법률에서 입은 은혜를 가장 쉽게 알고자 할진대, 개인에 있어서 **수신**하는 법률과, 가정에 있어서 **제가(齊家)**하는 법률과, 사회에 있어서 사회 다스리는 법률과, 국가에 있어서 국가 다스리는 법률과, 세계에 있어서 세계 다스리는 법률이 없고도 안녕 질서를 유지하고 살 수 있겠는가 생각해 볼 것이니, 그런다면 누구나 살 수 없다는 것은 다 인증할 것이다. 없어서는 살 수 없

제도(濟度) 깨우쳐서 바른 길로 인도함.
혐극(嫌隙) 서로 미워하여 화목하지 못함.
반목(反目) 서로 대립하여 미워함.
수신(修身) 심신을 바르게 닦음.
제가(齊家) 가정을 바르게 다스림.

다면 그 같이 큰 은혜가 또 어디 있으리요.

대범, 법률이라 하는 것은 **인도 정의**의 공정한 법칙을 이름이니, 인도 정의의 공정한 법칙은 개인에 비치면 개인이 도움을 얻을 것이요, 가정에 비치면 가정이 도움을 얻을 것이요, 사회에 비치면 사회가 도움을 얻을 것이요, 국가에 비치면 국가가 도움을 얻을 것이요, 세계에 비치면 세계가 도움을 얻을 것이니라.

2. 법률 피은의 조목

1. 때를 따라 성자들이 출현하여 종교와 도덕으로써 우리에게 **정로(正路)**를 밟게 하여 주심이요,
2. 사·농·공·상의 기관을 설치하고 **지도 권면**에 전력하여, 우리의 생활을 보전시키며, 지식을 함양하게 함이요,
3. 시비 이해를 구분하여 불의를 징계하고 정의를 세워 안녕 질서를 유지하여 우리로 하여금 평안히 살게 함이니라.

3. 법률 보은의 강령

법률에서 금지하는 조건으로 피은이 되었으면 그 도에 순응하고, 권장하는 조건으로 피은이 되었으면 그 도에 순응할 것이니라.

인도 정의(人道正義) 사람으로서 마땅히 행해야 할 올바른 도리.
정로(正路) 사람이 행해야 할 올바른 길.
지도 권면(指導勸勉) 가르치고 깨우쳐서 바른 길로 권장함.

4. 법률 보은의 조목

1. 개인에 있어서는 수신(修身)하는 법률을 배워 행할 것이요,

2. 가정에 있어서는 가정 다스리는 법률을 배워 행할 것이요,

3. 사회에 있어서는 사회 다스리는 법률을 배워 행할 것이요,

4. 국가에 있어서는 국가 다스리는 법률을 배워 행할 것이요,

5. 세계에 있어서는 세계 다스리는 법률을 배워 행할 것이니라.

5. 법률 배은

법률에 대한 피은·보은·배은을 알지 못하는 것과 설사 안다 할지라도 보은의 실행이 없는 것이니라.

6. 법률 보은의 결과

우리가 법률 보은을 한다면, 우리 자신도 법률의 보호를 받아, 갈수록 구속은 없어지고 자유를 얻게 될 것이요, 각자의 인격도 향상되며 세상도 질서가 정연하고 사·농·공·상이 더욱 발달하여 다시 없는 **안락세계(安樂世界)**가 될 것이며, 또는 **입법(立法)·치법(治法)**의 은혜도 갚음이 될 것이니라.

7. 법률 배은의 결과

우리가 만일 법률에 배은을 한다면, 우리 자신도 법률이 용서하지 아니하여,

안락세계(安樂世界) 평안하고 행복한 세상.

입법(立法) 법을 제정함.

치법(治法) 법으로써 다스림.

부자유(不自由)와 구속을 받게 될 것이요, 각자의 인격도 타락되며 세상도 질서가 문란하여 소란한 **수라장(修羅場)**이 될 것이니라.

제3장 사요

제1절 자력 양성

1. 자력 양성의 강령

자력이 없는 어린이가 되든지, **노혼(老昏)**한 늙은이가 되든지, 어찌할 수 없는 병든 이가 되든지 하면**이어니와**, 그렇지 아니한 바에는 자력을 공부 삼아 양성하여 사람으로서 면할 수 없는 자기의 의무와 책임을 다하는 동시에, 힘 미치는 대로는 자력 없는 사람에게 보호를 주자는 것이니라.

2. 과거의 타력 생활 조목

1. 부모·형제·부부·자녀·친척 중에 혹 자기 이상의 생활을 하는 사람이 있으면 그에 의지하여 놀고 살자는 것이며, 또는 의뢰를 구하여도 들어주지 아니

수라장(修羅場) 혼란하고 무질서한 세상. 아수라장.
노혼(老昏) 늙고 정신이 흐려짐.
이어니와 어쩔 수 없지만.

하면 동거하자는 것이며, 또는 타인에게 빚을 쓰고 갚지 아니하면 **일족(一族)**이 전부 그 빚을 갚다가 서로 못 살게 되었음이요,

2. 여자는 어려서는 부모에게, 결혼 후에는 남편에게, 늙어서는 자녀에게 의지하였으며, 또는 권리가 동일하지 못하여 남자와 같이 교육도 받지 못하였으며, 또는 **사교(社交)**의 권리도 얻지 못하였으며, 또는 재산에 대한 상속권도 얻지 못하였으며, 또는 자기의 심신이지마는 **일동 일정**에 구속을 면하지 못하게 되었음이니라.

3. 자력자로서 타력자에게 권장할 조목

1. 자력 있는 사람이 부당한 의뢰를 구할 때에는 그 의뢰를 받아주지 아니할 것이요,

2. 부모로서 자녀에게 재산을 **분급**하여 줄 때에는, **장자나 차자**나 여자를 막론하고 그 재산을 받아 유지 못할 사람 외에는 다 같이 분급하여 줄 것이요,

3. 결혼 후 물질적 생활을 각자 자립적으로 할 것이며, 또는 서로 사랑에만 그칠 것이 아니라 각자의 의무와 책임을 주로 할 것이요,

4. 기타 모든 일을 경우와 법에 따라 처리하되 과거와 같이 남녀를 차별할 것이 아니라 일에 따라 대우하여 줄 것이니라.

일족(一族) 가족과 권속.
사교(社交) 사회적 교류 활동.
일동 일정(一動一靜) 일상적인 모든 행동.
분급(分給) 나누어 줌.
장자나 차자(長子-次子) 첫째 아들과 둘째 아들.

4. 자력 양성의 조목

1. 남녀를 물론하고 어리고 늙고 병들고 하여 어찌 할 수 없는 의뢰면이어니와, 그렇지 아니한 바에는 과거와 같이 의뢰 생활을 하지 아니할 것이요,

2. 여자도 인류 사회에 활동할 만한 교육을 남자와 같이 받을 것이요,

3. 남녀가 다 같이 직업에 근실하여 생활에 자유를 얻을 것이며, 가정이나 국가에 대한 의무와 책임을 동등하게 이행할 것이요,

4. 차자도 부모의 생전 사후를 과거 장자의 예로써 받들 것이니라.

제2절 지자 본위

1. 지자 본위의 강령

지자는 **우자(愚者)**를 가르치고 우자는 지자에게 배우는 것이 원칙적으로 당연한 일이니, 어떠한 처지에 있든지 배울 것을 구할 때에는 불합리한 차별 제도에 끌릴 것이 아니라 오직 구하는 사람의 목적만 달하자는 것이니라.

2. 과거 불합리한 차별 제도의 조목

1. **반상(班常)**의 차별이요,

지자본위(智者本位) 지식 있고 지혜로운 사람을 존중하여 배우고 받듦.

우자(愚者) 지식 없고 어리석은 사람.

반상(班常) 양반과 평민.

---

2. **적서(嫡庶)**의 차별이요,

3. 노소(老少)의 차별이요,

4. 남녀(男女)의 차별이요,

5. 종족(種族)의 차별이니라.

3. 지자 본위의 조목

1. **솔성(率性)의 도**와 **인사의 덕행**이 자기 이상이 되고 보면 스승으로 알 것이요,

2. 모든 정사를 하는 것이 자기 이상이 되고 보면 스승으로 알 것이요,

3. 생활에 대한 지식이 자기 이상이 되고 보면 스승으로 알 것이요,

4. 학문과 기술이 자기 이상이 되고 보면 스승으로 알 것이요,

5. 기타 모든 상식이 자기 이상이 되고 보면 스승으로 알 것이니라.

   이상의 모든 조목에 해당하는 사람을 근본적으로 차별 있게 할 것이 아니라, 구하는 때에 있어서 하자는 것이니라.

적서(嫡庶) 적자와 서자. 본처의 자식과 첩의 자식.
솔성(率性)의 도(道) 마음을 다스리고 사용하는 도.
인사의 덕행(人事-德行) 인간사를 처리하는 능력과 덕망.

제3절 타자녀 교육

1. 타자녀 교육의 강령

교육의 기관이 **편소**하거나 그 정신이 자타의 국한을 벗어나지 못하고 보면 세상의 문명이 지체되므로, 교육의 기관을 확장하고 자타의 국한을 벗어나, 모든 후진을 두루 교육함으로써 세상의 문명을 촉진시키고 일체 동포가 다 같이 낙원의 생활을 하자는 것이니라.

2. 과거 교육의 결함 조목

1. 정부나 사회에서 교육에 대한 적극적 성의와 권장이 없었음이요,

2. 교육의 제도가 여자와 하천한 사람은 교육받을 **생의**도 못하게 되었음이요,

3. 개인에 있어서도 교육을 받은 사람으로서 그 혜택을 널리 나타내는 사람이 적었음이요,

4. 언론과 통신 기관이 불편한 데 따라 교육에 대한 의견 교환이 적었음이요,

5. 교육의 정신이 자타의 국한을 벗어나지 못한 데 따라, **유산자**(有産者)가 혹 자손이 없을 때에는 없는 자손만 구하다가 이루지 못하면 가르치지 못하였고, **무산자**는 혹 자손 교육에 성의는 있으나 물질적 능력이 없어서 가르치지 못하였음이니라.

편소(偏小) 한 편으로 치우쳐 있고 적음.
생의(生意) 마음을 냄.
유산자(有産者) 재산이 많이 있는 사람.
무산자(無産者) 재산이 없는 사람.

3. 타자녀 교육의 조목

1. 교육의 결함 조목이 없어지는 기회를 만난 우리는, 자녀가 있거나 없거나 타자녀라도 내 자녀와 같이 교육하기 위하여, 모든 교육 기관에 힘 미치는 대로 조력도 하며, 또는 사정이 허락되는 대로 몇 사람이든지 자기가 낳은 셈 치고 교육할 것이요,

2. 국가나 사회에서도 교육 기관을 널리 설치하여 적극적으로 교육을 실시할 것이요,

3. **교단(敎團)**에서나 사회·국가·세계에서 타자녀 교육의 조목을 실행하는 사람에게는 각각 그 공적을 따라 표창도 하고 대우도 하여 줄 것이니라.

제4절 공도자 숭배

1. 공도자 숭배의 강령

세계에서 공도자 숭배를 극진히 하면 세계를 위하는 공도자가 많이 날 것이요, 국가에서 공도자 숭배를 극진히 하면 국가를 위하는 공도자가 많이 날 것이요, 사회나 종교계에서 공도자 숭배를 극진히 하면 사회나 종교를 위하는 공도자가 많이 날 것이니, 우리는 세계나 국가나 사회나 교단을 위하여 여러 방면으로 공헌한 사람들을 그 공적에 따라 자녀가 부모에게 하는 도리로써 숭배

교단(敎團) 종교 단체 또는 신앙 공동체.

하자는 것이며, 우리 각자도 그 **공도 정신**을 체 받아서 공도를 위하여 활동하자는 것이니라.

2. 과거 공도 사업의 결함 조목

1. 생활의 강령이요 공익의 기초인 사·농·공·상의 전문 교육이 적었음이요,

2. 사·농·공·상의 시설 기관이 적었음이요,

3. 종교의 교리와 제도가 대중적이 되지 못하였음이요,

4. 정부나 사회에서 공도자의 표창이 적었음이요,

5. 모든 교육이 자력을 얻지 못하고 타력을 벗어나지 못하였음이요,

6. 타인을 해하여서까지 자기를 유익하게 하려는 마음과, 또는 원·근·친·소에 끌리는 마음이 심하였음이요,

7. 견문과 상식이 적었음이요,

8. 가정에 헌신하여 가정적으로 숭배함을 받는 것과, 공도에 헌신하여 공중적으로 숭배함을 받는 것이 무엇인지 아는 사람이 적었음이니라.

3. 공도자 숭배의 조목

1. 공도 사업의 결함 조목이 없어지는 기회를 만난 우리는 가정 사업과 공도 사업을 구분하여, 같은 사업이면 자타의 국한을 벗어나 공도 사업을 할 것이요,

2. 대중을 위하여 공도에 헌신한 사람은 그 노력한 공적에 따라 노쇠하면 봉양

공도 정신(公道精神) 공중과 공익을 위하여 헌신하는 이념 또는 삶의 자세.
공도 사업(公道事業) 공중과 공익을 위하는 사업.

하고, 열반 후에는 상주가 되어 **상장(喪葬)**을 부담하며, 영상과 역사를 보관하여 길이 기념할 것이니라.

제4장 삼학

제1절 정신 수양

1. 정신 수양의 요지

정신이라 함은 마음이 두렷하고 고요하여 **분별성**과 **주착심**이 없는 경지를 이름이요, 수양이라 함은 안으로 분별성과 주착심을 없이하며 밖으로 산란하게 하는 **경계**에 끌리지 아니하여 두렷하고 고요한 정신을 양성함을 이름이니라.

2. 정신 수양의 목적

유정물(有情物)은 배우지 아니하되 근본적으로 알아지는 것과 하고자 하는

상장(喪葬) 상례와 장례. 상중에 행하는 모든 예절과 장사 지내는 예절.
분별성(分別性) 나누고 구별하는 마음.
주착심(住着心) 머물러 집착하는 마음.
경계(境界) 마음 작용을 일으키는 모든 대상·환경·조건.
유정물(有情物) 영식(靈識)이 있는 생명체.

욕심이 있는데, **최령한** 사람은 보고 듣고 배우고 하여 아는 것과 하고자 하는 것이 다른 동물의 몇 배 이상이 되므로 그 아는 것과 하고자 하는 것을 취하자면 **예의 염치**와 공정한 법칙은 생각할 여유도 없이 자기에게 있는 권리와 기능과 무력을 다하여 욕심만 채우려 하다가 결국은 **가패 신망**도 하며, **번민 망상**과 **분심 초려**로 자포자기의 **염세증**도 나며, 혹은 신경 쇠약자도 되며, 혹은 **실진자**도 되며, 혹은 극도에 들어가 자살하는 사람까지도 있게 되나니, 그런고로 **천지 만엽**으로 벌여가는 이 욕심을 제거하고 온전한 정신을 얻어 **자주력**(自主力)을 양성하기 위하여 수양을 하자는 것이니라.

3. 정신 수양의 결과

우리가 정신 수양 공부를 오래오래 계속하면 정신이 **철석같이 견고**하여, 천만 경계를 응용할 때에 마음에 자주(自主)의 힘이 생겨 결국 수양력(修養力)을

최령한(最靈−) 지능과 영적(靈的) 능력이 매우 뛰어난.

예의(禮儀) 사람이 지켜야 할 예절과 의리.

염치(廉恥) 청렴하여 부끄러움을 아는 것.

가패 신망(家敗身亡) 집안이 망하고 몸을 망침. 패가망신.

번민 망상(煩悶妄想) 번민은 마음이 번거롭고 괴로움. 망상은 산란하고 헛된 생각.

분심 초려(憤心焦慮) 분한 마음과 초조한 생각.

염세증(厭世症) 삶을 비관하고 세상을 싫어하는 증세.

실진자(失眞者) 정신에 이상이 생긴 사람.

천지 만엽(千枝萬葉) 천 개의 가지와 만개의 잎. 여러 갈래로 나뉘어 어수선함.

자주력(自主力) 마음에 주체가 확립되어 흔들리거나 끌려가지 않는 힘.

철석(鐵石)같이 견고(堅固) 쇠와 돌과 같이 매우 굳고 단단함.

얻을 것이니라.

제2절 사리 연구

1. 사리 연구의 요지
사(事)라 함은 인간의 **시·비·이·해(是非利害)**를 이름이요, 이(理)라 함은 곧 **천조(天造)**의 대소 유무(大小有無)를 이름이니, 대(大)라 함은 **우주 만유의 본체**를 이름이요, 소(小)라 함은 **만상**이 형형색색으로 구별되어 있음을 이름이요, 유무라 함은 천지의 춘·하·추·동 사시 순환과, **풍·운·우·로·상·설(風雲雨露霜雪)**과, 만물의 생·로·병·사와, 흥·망·성·쇠의 변태를 이름이며, 연구라 함은 사리를 **연마**하고 **궁구**함을 이름이니라.

2. 사리 연구의 목적
이 세상은 대소 유무의 이치로써 건설되고 시비 이해의 일로써 운전해 가나

시·비·이·해(是非利害) 옳고 그름, 이로움과 해로움.

천조(天造) 천지자연의 조화.

우주 만유의 본체(宇宙萬有-本體) 우주에 있는 모든 존재·현상·이치의 근본과 바탕.

만상(萬象) 삼라만상.

풍·운·우·로·상·설(風雲雨露霜雪) 바람과 구름, 비와 이슬, 서리와 눈.

연마(研磨) 갈고 닦음.

궁구(窮究) 세밀하고 철저하게 깊이 연구함.

니, 세상이 넓은 만큼 이치의 종류도 수가 없고, 인간이 많은 만큼 일의 종류도 한이 없나니라. 그러나, 우리에게 우연히 돌아오는 고락이나 우리가 지어서 받는 고락은 각자의 **육근(六根)**을 운용하여 일을 짓는 결과이니, 우리가 일의 시·비·이·해를 모르고 **자행 자지**한다면 찰나찰나로 육근을 동작하는 바가 모두 죄고로 화하여 **전정 고해**가 한이 없을 것이요, 이치의 대소 유무를 모르고 산다면 우연히 돌아오는 고락의 원인을 모를 것이며, 생각이 **단촉**하고 마음이 **편협**하여 생·로·병·사와 인과 보응의 이치를 모를 것이며, 사실과 허위를 분간하지 못하여 항상 허망하고 **요행**한 데 떨어져, 결국은 패가 망신의 지경에 이르게 될지니, 우리는 천조의 **난측한** 이치와 인간의 **다단한** 일을 미리 연구하였다가 실생활에 다다라 밝게 분석하고 빠르게 판단하여 알자는 것이니라.

3. 사리 연구의 결과

우리가 사리 연구 공부를 오래오래 계속하면, 천만 사리를 분석하고 판단하는 데 걸림 없이 아는 지혜의 힘이 생겨 결국 연구력을 얻을 것이니라.

육근(六根) 눈, 귀, 코, 혀, 몸, 뜻의 감각과 인식기관.
자행 자지(自行自止) 자기 마음대로 하고 싶으면 하고, 하기 싫으면 하지 않음.
전정 고해(前程苦海) 앞날이 괴로움으로 한이 없음.
단촉(短促) 짧고 얕음.
편협(偏狹) 치우치고 좁음.
요행(僥倖) 뜻 밖에 얻는 행운.
난측한(難測-) 헤아리기 어려운.
다단한(多端-) 갈래가 많고 복잡하다.

제3절 작업 취사

1. 작업 취사의 요지

작업이라 함은 무슨 일에나 안·이·비·설·신·의(眼耳鼻舌身意) 육근을 작용함을 이름이요, 취사라 함은 정의는 취하고 불의는 버림을 이름이니라.

2. 작업 취사의 목적

정신을 수양하여 수양력을 얻었고 사리를 연구하여 연구력을 얻었다 하더라도, 실제 일을 작용하는 데 있어 실행을 하지 못하면 수양과 연구가 **수포**에 돌아갈 뿐이요 실효과를 얻기가 어렵나니, 예를 들면 줄기와 가지와 꽃과 잎은 좋은 나무에 결실이 없는 것과 같다 할 것이니라.

대범, 우리 인류가 선(善)이 좋은 줄은 알되 선을 행하지 못하며, 악이 그른 줄은 알되 악을 끊지 못하여 평탄한 낙원을 버리고 험악한 고해로 들어가는 까닭은 그 무엇인가. 그것은 일에 당하여 시비를 몰라서 실행이 없거나, 설사 시비는 안다 할지라도 불같이 일어나는 욕심을 제어하지 못하거나, 철석같이 굳은 습관에 끌리거나 하여 악은 버리고 선은 취하는 실행이 없는 까닭이니, 우리는 정의어든 기어이 취하고 불의어든 기어이 버리는 실행 공부를 하여, 싫어하는 고해는 피하고 바라는 낙원을 맞아 오자는 것이니라.

수포(水泡) 물거품. 헛된 노력.

3. 작업 취사의 결과

우리가 작업 취사 공부를 오래오래 계속하면, 모든 일을 응용할 때에 정의는 용맹 있게 취하고, 불의는 용맹 있게 버리는 실행의 힘을 얻어 결국 취사력을 얻을 것이니라.

제5장 팔조

제1절 진행 사조

1. 신(信)

신이라 함은 믿음을 이름이니, 만사를 이루려 할 때에 마음을 정하는 원동력(原動力)이니라.

2. 분(忿)

분이라 함은 **용장**한 전진심을 이름이니, 만사를 이루려 할 때에 권면하고 촉진하는 원동력이니라.

진행 사조(進行四條) 모든 일(삼학 수행)이 잘 이루어지도록 촉진시키는 네 가지 조항.
용장(勇壯) 용감하고 씩씩함.

3. 의(疑)

의라 함은 일과 이치에 모르는 것을 발견하여 알고자 함을 이름이니, 만사를 이루려 할 때에 모르는 것을 알아내는 원동력이니라.

4. 성(誠)

성이라 함은 간단 없는 마음을 이름이니, 만사를 이루려 할 때에 그 목적을 달하게 하는 원동력이니라.

제2절 사연 사조

1. 불신(不信)

불신이라 함은 신의 반대로 믿지 아니함을 이름이니, 만사를 이루려 할 때에 결정을 얻지 못하게 하는 것이니라.

2. 탐욕(貪慾)

탐욕이라 함은 모든 일을 **상도**에 벗어나서 과히 취함을 이름이니라.

사연 사조(捨捐四條) 모든 일(삼학 수행)을 잘하기 위해 버려야 할 네 가지 조항.
상도(常道) 떳떳한 도리. 합당한 정도.

3. 나(懶)

나라 함은 만사를 이루려 할 때에 하기 싫어함을 이름이니라.

4. 우(愚)

우라 함은 대소 유무와 시비 이해를 전연 알지 못하고 자행 자지함을 이름
이니라.

제6장 인생의 요도와 공부의 요도

사은·사요는 인생의 요도(要道)요, 삼학·팔조는 공부의 요도인 바, 인생의
요도는 공부의 요도가 아니면 사람이 능히 그 길을 밟지 못할 것이요, 공부의
요도는 인생의 요도가 아니면 사람이 능히 그 공부한 효력을 다 발휘하지 못할
지라, 이에 한 예를 들어 그 관계를 말한다면, 공부의 요도는 의사가 환자를 치
료하는 의술과 같고, 인생의 요도는 환자를 치료하는 약재와 같나니라.

제7장 사대 강령

사대 강령은 곧 정각 정행(正覺正行)·지은 보은(知恩報恩)·불법 활용(佛法
活用)·무아 봉공(無我奉公)이니,

정각 정행은 일원의 진리 곧 **불조 정전(正傳)**의 심인을 **오득(悟得)**하여 그 진리를 체 받아서 안·이·비·설·신·의 육근을 작용할 때에 **불편 불의(不偏不倚)**하고 과불급(過不及)이 없는 원만행을 하자는 것이며,

지은 보은은 우리가 천지와 부모와 동포와 법률에서 은혜 입은 내역을 깊이 느끼고 알아서 그 피은의 도를 체 받아 보은행을 하는 동시에, 원망할 일이 있더라도 먼저 모든 은혜의 **소종래**를 발견하여 원망할 일을 감사함으로써 그 은혜를 보답하자는 것이며,

불법 활용은 재래와 같이 불제자로서 불법에 끌려 세상 일을 못할 것이 아니라 불제자가 됨으로써 세상 일을 더 잘하자는 것이니, 다시 말하면 불제자가 됨으로써 세상에 무용한 사람이 될 것이 아니라 그 불법을 활용함으로써 개인·가정·사회·국가에 도움을 주는 유용한 사람이 되자는 것이며,

무아 봉공은 개인이나 자기 가족만을 위하려는 사상과 자유 방종하는 행동을 버리고, 오직 이타적 대승행으로써 일체 중생을 제도하는 데 성심 성의를 다하자는 것이니라.

불조(佛祖) 정전 부처와 조사가 바르게 전하고 이어받음.
오득(悟得) 깨달아 얻음.
불편 불의(不偏不倚) 한 편에 치우치거나 기울지 않음.
소종래(所從來) 어떤 일이 있게 된 근본 원인과 과정.

제3 수행편

修行編

제1장 일상 수행의 요법

1. **심지(心地)**는 원래 요란함이 없건마는 **경계**를 따라 있어지나니, 그 요란함을 없게 하는 것으로써 **자성(自性)**의 **정(定)**을 세우자.

2. 심지는 원래 어리석음이 없건마는 경계를 따라 있어지나니, 그 어리석음을 없게 하는 것으로써 자성의 **혜(慧)**를 세우자.

3. 심지는 원래 그름이 없건마는 경계를 따라 있어지나니, 그 그름을 없게 하는 것으로써 자성의 **계(戒)**를 세우자.

4. 신과 분과 의와 성으로써 불신과 탐욕과 나와 우를 제거하자.

5. 원망 생활을 감사 생활로 돌리자.

6. 타력 생활을 자력 생활로 돌리자.

7. 배울 줄 모르는 사람을 잘 배우는 사람으로 돌리자.

8. 가르칠 줄 모르는 사람을 잘 가르치는 사람으로 돌리자.

9. **공익심** 없는 사람을 공익심 있는 사람으로 돌리자.

일상수행의 요법(日常修行-要法) 일상생활에서 수행해 가는 요긴한 법.

심지(心地) 마음 본 바탕. 성품, 본성, 자성, 불성, 진성 등으로도 표현함.

경계(境界) 마음 작용을 일으키는 모든 대상, 환경, 조건.

자성(自性) 사람이 본래 갖추고 있는 성품.

정(定) 고요함과 부동함. 수양력.

혜(慧) 지혜 광명. 일과 이치에 두루 통달함. 연구력.

계(戒) 한 편에 기울지 않는 바른 마음과 중도행. 취사력.

공익심(公益心) 공중(公衆)을 위해 힘쓰는 마음.

제2장 정기 훈련과 상시 훈련

제1절 정기 훈련법

공부인에게 정기(定期)로 법의 훈련을 받게 하기 위하여 정기 훈련 과목으로 염불(念佛)·좌선(坐禪)·경전(經典)·강연(講演)·회화(會話)·의두(疑頭)·성리(性理)·정기 일기(定期日記)·상시 일기(常時日記)·주의(注意)·조행(操行) 등의 과목을 정하였나니, 염불·좌선은 정신 수양 훈련 과목이요, 경전·강연·회화·의두·성리·정기 일기는 사리 연구 훈련 과목이요, 상시 일기·주의·조행은 작업 취사 훈련 과목이니라.

염불은 우리의 지정한 **주문(呪文)** 한 귀를 연하여 부르게 함이니, 이는 **천지 만엽**으로 흩어진 정신을 주문 한 귀에 **집주**하되 **천념 만념**을 오직 **일념**으로 만들기 위함이요,

좌선은 기운을 바르게 하고 마음을 지키기 위하여 마음과 기운을 **단전(丹**

상시 훈련(常時訓練) 언제 어디서나 일상생활 속에서 힘써 수행함.
주문(呪文) 청정한 마음을 회복하고 법신불에 귀의하기 위하여 부르는 신비로운 글귀.
천지 만엽(千枝萬葉) 천 개의 가지와 만 개의 잎. 여러 갈래로 나뉘어 어수선함.
집주(集注) 마음을 한 곳으로 모아 정성을 다함. 집중.
천념 만념(千念萬念) 천 가지 만 가지 생각. 여러 가지 많은 생각.
일념(一念) 생각이 다른 데 흐르지 않고 오직 한 생각이 지속됨. 일심(一心).

田)에 주(住)하되 한 생각이라는 **주착**도 없이 하여, 오직 **원적 무별**(圓寂無別)한 **진경**에 그쳐 있도록 함이니, 이는 사람의 **순연한** 근본 정신을 양성하는 방법이요,

경전은 우리의 지정 교서와 참고 경전 등을 이름이니, 이는 공부인으로 하여금 그 공부하는 방향로를 알게 하기 위함이요,

강연은 사리 간에 어떠한 문제를 정하고 그 **의지**를 해석시킴이니, 이는 공부인으로 하여금 대중의 앞에서 **격**(格)을 갖추어 그 **지견**을 교환하며 **혜두**(慧頭)를 단련시키기 위함이요,

회화는 각자의 보고 들은 가운데 스스로 느낀 바를 자유로이 말하게 함이니, 이는 공부인에게 구속 없고 활발하게 의견을 교환하며 혜두를 단련시키기 위함이요,

단전(丹田) 심신의 정기가 모이는 곳. 여기서는 아랫배에 위치한 하단전을 말함.

주(住) 집주하여 흩어지지 않음.

주착(住着) 머물러 집착함.

원적 무별(圓寂無別) 모든 번뇌 망상과 분별이 사라진 두렷하고 고요한 상태.

진경(眞境) 참다운 실상의 경지.

순연한(純然-) 순수하고 온전한.

의지(意旨) 뜻. 의미.

격(格) 적절한 형식. 격식.

지견(知見) 지혜와 식견.

혜두(慧頭) 지혜가 솟아나는 원천.

의두는 **대소 유무**의 이치와 **시비 이해**의 일이며 과거 불조의 **화두(話頭)** 중에서 의심나는 제목을 연구하여 감정을 얻게하는 것이니, 이는 연구의 깊은 경지를 밟는 공부인에게 사리 간 명확한 분석을 얻도록 함이요,

성리는 우주 만유의 본래 이치와 우리의 자성 원리를 해결하여 알자 함이요,

정기 일기는 당일의 작업 시간 수와 수입 지출과 심신 작용의 처리 건과 **감각 감상(感覺感想)**을 기재시킴이요,

상시 일기는 당일의 **유무념** 처리와 학습 상황과 계문에 **범과 유무**를 기재시킴이요,

주의는 사람의 **육근**을 동작할 때에 하기로 한 일과 안 하기로 한 일을 경우에 따라 잊어버리지 아니하고 실행하는 마음을 이름이요,

조행은 사람으로서 사람다운 행실 가짐을 이름이니, 이는 다 공부인으로 하여금 그 공부를 **무시로** 대조하여 실행에 옮김으로써 공부의 실효과를 얻게 하

대소 유무(大小有無) 우주의 모든 이치를 이해하기 위한 기본적 인식의 틀. 대는 우주만유의 본체, 소는 만상이 형형색색으로 구별되어 있음, 유무는 천지 만물의 변화.

시비 이해(是非利害) 옳고 그름, 이로움과 해로움.

화두(話頭) 깨달음으로 이끌기 위한 의문을 일으키는 실마리(조목). 불조의 법문, 대화, 일화 등.

감각 감상(感覺感想) 감각은 사물이나 자연 현상을 통하여 얻은 일과 이치에 대한 깨달음. 감상은 인간사나 자연 현상을 통하여 얻은 의미 있는 느낌이나 생각.

유무념(有無念) 유념과 무념을 합한 말. 어떤 일에 주의심을 가지고 한 것은 유념, 주의심이 없이 한 것은 무념.

범과 유무(犯過有無) 어긋남이 있고 없음.

육근(六根) 눈, 귀, 코, 혀, 몸, 뜻의 감각과 인식기관.

무시로(無時-) 시시때때로

기 위함이니라.

제2절 상시 훈련법

공부인에게 상시로 수행을 훈련시키기 위하여 「**상시 응용** 주의 사항(常時應用注意事項)」 육조와 「교당 내왕시 주의 사항(敎堂來往時注意事項)」 육조를 정하였나니라.

1. 상시 응용 주의 사항

1. 응용(應用)하는 데 온전한 생각으로 취사하기를 주의할 것이요,

2. 응용하기 전에 응용의 **형세**를 보아 미리 **연마**하기를 주의할 것이요,

3. 노는 시간이 있고 보면 경전·법규 연습하기를 주의할 것이요,

4. 경전·법규 연습하기를 대강 마친 사람은 의두 연마하기를 주의할 것이요,

5. **석반** 후 살림에 대한 일이 있으면 다 마치고 잠자기 전 남은 시간이나 또는 새벽에 정신을 수양하기 위하여 염불과 좌선하기를 주의할 것이요,

6. 모든 일을 처리한 뒤에 그 처리 건을 생각하여 보되, 하자는 조목과 말자는 조목에 실행이 되었는가 못 되었는가 대조하기를 주의할 것이니라.

상시응용(常時應用) 일상생활 속에서 몸과 마음을 사용함.
형세(形勢) 상황. 형편.
연마(硏磨) 갈고 닦음.
석반(夕飯) 저녁 식사.

2. 교당 내왕시 주의 사항

1. 상시 응용 주의 사항으로 공부하는 중 어느 때든지 교당에 오고 보면 그 지낸 일을 일일이 문답하는 데 주의할 것이요,

2. 어떠한 사항에 감각된 일이 있고 보면 그 감각된 바를 보고하여 지도인의 **감정** 얻기를 주의할 것이요,

3. 어떠한 사항에 특별히 의심 나는 일이 있고 보면 그 의심된 바를 제출하여 지도인에게 **해오(解悟)** 얻기를 주의할 것이요,

4. 매년 **선기(禪期)**에는 **선비(禪費)**를 미리 준비하여 가지고 **선원**에 **입선**하여 전문 공부하기를 주의할 것이요,

5. 매 **예회(例會)** 날에는 모든 일을 미리 처결하여 놓고 그 날은 교당에 와서 공부에만 전심하기를 주의할 것이요,

6. 교당에 다녀갈 때는 어떠한 감각이 되었는지 어떠한 의심이 밝아졌는지 **소득 유무**를 **반조(返照)**하여 본 후에 반드시 실생활에 활용하기를 주의할 것이니라.

감정(鑑定) 평가와 조언.

해오(解悟) 이해와 깨달음.

선기(禪期) 선(정기훈련)이 행해지는 기간.

선비(禪費) 선(정기훈련)에 참여하는 비용.

선원(禪院) 선(정기훈련) 도량. 훈련원.

입선(入禪) 선(정기훈련)에 참여함.

예회(例會) 정례법회의 줄인 말. 정기적으로 열리는 법회.

소득 유무(所得有無) 얻은 바가 있고 없음.

반조(返照) 돌이켜 살펴 봄.

제3절 정기 훈련법과 상시 훈련법의 관계

정기 훈련법과 상시 훈련법의 관계를 말하자면, 정기 훈련법은 정할 때 공부로서 수양·연구를 주체삼아 상시 공부의 자료를 준비하는 공부법이 되며, 상시 훈련법은 동할 때 공부로서 작업 취사를 주체 삼아 정기 공부의 자료를 준비하는 공부법이 되나니, 이 두 훈련법은 서로서로 도움이 되고 바탕이 되어 **재세 출세**의 공부인에게 일분 일각도 공부를 떠나지 않게 하는 길이 되나니라.

제3장 염불법

1. 염불의 요지

대범, 염불이라 함은 천만 가지로 흩어진 정신을 일념으로 만들기 위한 공부법이요, **순역(順逆) 경계**에 흔들리는 마음을 안정시키는 공부법으로서 염불의 문구인 나무아미타불(南無阿彌陀佛)은 여기 말로 무량수각(無量壽覺)에 귀의

재세 출세(在世出世) 재가와 출가.
대범(大凡) 무릇. 대체로.
순역 경계(順逆境界) 순경과 역경. 순경은 순조롭고 편안한 상황. 역경은 힘들고 어려운 상황.

한다는 뜻인바, 과거에는 부처님의 **신력**에 의지하여 **서방 정토** 극락(極樂)에 나기를 원하며 **미타 성호**를 **염송**하였으나 우리는 바로 **자심(自心) 미타**를 발견하여 **자성 극락**에 돌아가기를 목적하나니, 우리의 마음은 원래 생멸이 없으므로 곧 무량수라 할 것이요, 그 가운데에도 또한 **소소 영령(昭昭靈靈)**하여 **매(昧)**하지 아니한 바가 있으니 곧 각(覺)이라 이것을 자심 미타라고 하는 것이며, 우리의 자성은 원래 **청정하여** 죄복이 **돈공**하고 고뇌가 **영멸(永滅)**하였나니, 이것이 곧 **여여(如如)**하여 변함이 없는 자성 극락이니라. 그러므로, 염불하는 사람이 먼저 이 이치를 알아서 생멸이 없는 각자의 마음에 근본하고 **거래**가

신력(神力) 신비스러운 능력.

서방 정토(西方淨土) 서쪽의 불국토를 담당하는 아미타불의 서원으로 건립되었다고 알려진 이상향.

미타 성호(彌陀聖號) 아미타불의 성스러운 이름.

염송(念誦) 마음으로 염원하며 소리 내어 부름.

자심 미타(自心彌陀) 자기 마음속의 아미타불. 자기 마음이 곧 아미타불.

자성 극락(自性極樂) 자기 성품에 갖추어 있는 극락. 자기 성품이 곧 극락.

소소영령 한 없이 밝고 신령스러움.

매(昧) 어두움. 가리워짐.

청정하여(淸淨-) 맑고 깨끗하여

돈공(頓空) 텅 비어 실체가 없음.

영멸(永滅) 영원히 사라짐.

여여(如如) 한결 같음.

거래(去來) 오고 감.

없는 한 생각을 **대중하여**, 천만 가지로 흩어지는 정신을 오직 **미타 일념**에 그
치며 순역 경계에 흔들리는 마음을 **무위 안락**의 지경에 돌아오게 하는 것이 곧
참다운 염불의 공부니라.

2. 염불의 방법

염불의 방법은 극히 간단하고 편이하여 누구든지 가히 할 수 있나니,

1. 염불을 할 때는 항상 자세를 바르게 하고 기운을 안정하며, 또는 몸을 흔들
   거나 경동하지 말라.
2. 음성은 너무 크게도 말고 너무 작게도 말아서 오직 기운에 적당하게 하라.
3. 정신을 오로지 **염불 일성**에 집주하되, 염불 귀절을 따라 그 일념을 챙겨서
   일념과 음성이 같이 연속하게 하라.
4. 염불을 할 때에는 천만 생각을 다 놓아 버리고 오직 한가한 마음과 **무위의
   심경**을 가질 것이며, 또는 마음 가운데에 **외불(外佛)**을 구하여 **미타 색상**을
   상상하거나 **극락 장엄**을 그려내는 등 다른 생각은 하지 말라.

대중하여 표준으로 삼아.
미타 일념(彌陀一念) 아미타불을 부르는 한 마음.
무위 안락(無爲安樂) 자연스러운 편안함과 즐거움.
염불 일성(念佛一聲) 염불 소리.
무위의 심경(無爲-心境) 넉넉하고 자유로운 심경.
외불(外佛) 밖에 있는 부처.
미타 색상(彌陀色相) 아미타불의 모습.
극락 장엄(極樂莊嚴) 극락세계의 장엄함.

5. 마음을 붙잡는 데에는 염주를 세는 것도 좋고 목탁이나 북을 쳐서 그 **운곡(韻曲)**을 맞추는 것도 또한 필요하니라.

6. 무슨 일을 할 때에나 기타 **행·주·좌·와** 간에 다른 잡념이 마음을 괴롭게 하거든 염불로써 그 잡념을 **대치(對治)**함이 좋으나, 만일 염불이 도리어 일하는 정신에 통일이 되지 못할 때에는 이를 중지함이 좋으니라.

7. 염불은 항상 각자의 **심성 원래**를 반조(返照)하여 분한 일을 당하여도 염불로써 안정시키고, 탐심이 일어나도 염불로써 안정시키고, 순경(順境)에 끌릴 때에도 염불로써 안정시키고, 역경에 끌릴 때에도 염불로써 안정시킬지니, 염불의 진리를 아는 사람은 염불 일성이 능히 **백천 사마**를 항복받을 수 있으며, 또는 일념의 대중이 없이 입으로만 하면 별 효과가 없을지나 소리 없는 염불이라도 일념의 대중이 있고 보면 곧 **삼매(三昧)**를 **증득(證得)**하리라.

3. 염불의 공덕

염불을 오래하면 자연히 염불 삼매를 얻어 능히 목적하는 바 극락을 수용(受用)할 수 있나니 그 공덕의 조항은 좌선의 공덕과 서로 같나니라.

운곡(韻曲) 고저와 장단. 리듬과 박자.
행·주·좌·와(行·住·坐·臥) 움직이고 머물고 앉고 눕는 것. 일상생활.
대치(對治) 맞이하여 다스림.
심성 원래(心性元來) 심성의 본래 자리.
백천 사마(百千邪魔) 수 없이 많은 삿된 마귀. 온갖 번뇌 망상.
삼매(三昧) 산란함이 없이 지극히 고요하고 평온한 상태.
증득(證得) 체험하여 얻음.

그러나, 염불과 좌선이 한 가지 수양 과목으로 서로 **표리**가 되나니 공부하는 사람이 만일 번뇌가 과중하면 먼저 염불로써 그 산란한 정신을 대치하고 다음에 좌선으로써 그 **원적의 진경**에 들게 하는 것이며, 또한 시간에 있어서는 낮이든지 기타 **외경**이 가까운 시간에는 염불이 더 긴요하고, 밤이나 새벽이든지 기타 외경이 먼 시간에는 좌선이 더 긴요하나니, 공부하는 사람이 항상 당시의 환경을 관찰하고 각자의 심경을 대조하여 염불과 좌선을 때에 맞게 잘 운용하면 그 공부가 서로 연속되어 쉽게 큰 **정력(定力)**을 얻게 되리라.

제4장 좌선법

1. 좌선의 요지

대범, 좌선이라 함은 마음에 있어 **망념**을 쉬고 **진성**을 나타내는 공부이며,

표리(表裏) 겉과 속. 서로 뗄 수 없는 관계.
원적의 진경(圓寂-眞境) 두렷하고 고요한 참다운 실상의 경지.
외경(外境) 바깥 경계.
정력(定力) 수양력.
좌선(坐禪) 앉아서 하는 선(禪) 수행.
망념(妄念) 헛된 생각. 잡념.
진성(眞性) 참된 성품. 사람의 순연한 근본 정신.

몸에 있어 **화기**를 내리게 하고 **수기**를 오르게 하는 방법이니, 망념이 쉰즉 수기가 오르고 수기가 오른즉 망념이 쉬어서 몸과 마음이 한결같으며 정신과 기운이 상쾌하리라.

그러나, 만일 망념이 쉬지 아니한즉 불 기운이 항상 위로 올라서 온 몸의 수기를 태우고 정신의 광명을 덮을지니, 사람의 몸 운전하는 것이 마치 저 기계와 같아서 **수화의 기운**이 아니고는 도저히 한 손가락도 움직이지 못할 것인바, 사람의 육근 기관이 모두 머리에 있으므로 볼 때나 들을 때나 생각할 때에 그 육근을 운전해 쓰면 온 몸의 화기가 자연히 머리로 집중되어 온 몸의 수기를 조리고 태우는 것이 마치 저 등불을 켜면 기름이 닳는 것과 같나니라.

그러므로, 우리가 **노심 초사**를 하여 무엇을 오래 생각한다든지, 또는 **안력**을 써서 무엇을 세밀히 본다든지, 또는 소리를 높여 무슨 말을 힘써 한다든지 하면 반드시 얼굴이 붉어지고 입 속에 침이 마르나니 이것이 곧 화기가 위로 오르는 현상이라, 부득이 당연한 일에 육근의 기관을 운용하는 것도 오히려 **존절**히 하려든, 하물며 쓸데 없는 망념을 끄리어 두뇌의 등불을 주야로 계속하리요. 그러므로, 좌선은 이 모든 망념을 제거하고 **진여(眞如)의 본성**을 나타내며,

---

화기(火氣) 불기운. 덥고 탁한 기운.

수기(水氣) 물기운. 서늘하고 맑은 기운.

수화의 기운(水火-氣運) 물과 불의 기운.

노심 초사(勞心焦思) 마음을 수고롭게 쓰며 애를 태움.

안력(眼力) 눈으로 보는 힘. 시력.

존절(撙節) 알맞게 절제함.

진여(眞如)의 본성(本性) 참되고 변함이 없는 우리의 본래 성품. 진성.

일체의 화기를 내리게 하고 청정한 수기를 불어내기 위한 공부니라.

2. 좌선의 방법

좌선의 방법은 극히 간단하고 편이하여 아무라도 행할 수 있나니,

1. **좌복**을 펴고 **반좌**(盤坐)로 편안히 앉은 후에 머리와 허리를 곧게 하여 앉은 자세를 바르게 하라.

2. 전신의 힘을 단전에 툭 부리어 일념의 주착도 없이 다만 단전에 기운 **주해 있는** 것만 대중 잡되, 방심이 되면 그 기운이 풀어지나니 곧 다시 챙겨서 기운 주하기를 잊지 말라.

3. 호흡을 고르게 하되 들이쉬는 숨은 조금 길고 강하게 하며, 내쉬는 숨은 조금 짧고 약하게 하라.

4. 눈은 항상 뜨는 것이 **수마**(睡魔)를 제거하는 데 필요하나 정신 기운이 상쾌하여 눈을 감아도 수마의 **침노**를 받을 염려가 없는 때에는 혹 감고도 하여 보라.

5. 입은 항상 다물지며 공부를 오래하여 **수승 화강**(水昇火降)이 잘 되면 맑고

좌복(坐服) 방석.
반좌(盤坐) 소반을 평탄한 곳에 놓은 것과 같이 반반하고 편안하게 앉는 것.
주해 있는 머물러 있는
수마(睡魔) 견디기 어려운 졸음을 마(魔)에 비유한 표현.
침노(侵擄) 침범하여 사로잡음.
수승 화강(水昇火降) 물기운이 위로 오르고 불기운이 아래로 내려와 조화를 이루는 현상.

윤활한 침이 혀 줄기와 이 사이로부터 계속하여 나올지니, 그 침을 입에 가득히 모아 가끔 삼켜 내리라.

6. 정신은 항상 **적적**(寂寂)한 가운데 **성성**(惺惺)함을 가지고 성성한 가운데 적적함을 가질지니, 만일 **혼침**에 기울어지거든 새로운 정신을 차리고 **망상**에 흐르거든 **정념**으로 돌이켜서 **무위 자연**의 **본래 면목** 자리에 그쳐 있으라.

7. 처음으로 좌선을 하는 사람은 흔히 다리가 아프고 망상이 침노하는 데에 괴로와하나니, 다리가 아프면 잠깐 바꾸어 놓는 것도 좋으며, 망념이 침노하면 다만 망념인 줄만 알아두면 망념이 스스로 없어지나니 절대로 그것을 성가시게 여기지 말며 낙망하지 말라.

8. 처음으로 좌선을 하면 얼굴과 몸이 개미 기어다니는 것과 같이 가려워지는 수가 혹 있나니, 이것은 **혈맥**이 관통되는 증거라 삼가 긁고 만지지 말라.

9. 좌선을 하는 가운데 절대로 **이상한 기틀과 신기한 자취**를 구하지 말며, 혹

윤활(潤滑) 촉촉하고 매끄러운 상태.

적적(寂寂) 지극히 고요함. 마음에 모든 잡념이 사라져서 고요한 상태.

성성(惺惺) 마음이 지극히 밝게 깨어 있는 상태.

혼침(昏沈) 어두워지고 흐려짐.

망상(妄想) 헛된 생각. 망념. 잡념.

정념(正念) 사심 잡념이 없이 깨어있는 바른 생각.

무위 자연(無爲自然) 자연 그대로의 순수한 상태.

본래 면목(本來面目) 순연한 본래 모습. 진성. 진여의 본성.

혈맥(穴脈) 경혈과 경맥. 몸의 기운이 흐르는 중요 관문과 통로.

이상한 기틀과 신기한 자취 심신의 특이한 현상과 신비한 능력.

그러한 경계가 나타난다 할지라도 그것을 다 **요망한** 일로 생각하여 조금도 마음에 걸지 말고 **심상히 간과**하라.

　이상과 같이, 오래오래 계속하면 필경 **물아(物我)**의 구분을 잊고 시간과 처소를 잊고 오직 원적 무별한 진경에 그쳐서 다시 없는 **심락**을 누리게 되리라.

3. 좌선의 공덕

좌선을 오래 하여 그 힘을 얻고 보면 아래와 같은 열 가지 이익이 있나니,

1. 경거 망동하는 일이 차차 없어지는 것이요,

2. 육근 동작에 순서를 얻는 것이요,

3. 병고가 감소되고 얼굴이 윤활하여지는 것이요,

4. 기억력이 좋아지는 것이요,

5. 인내력이 생겨나는 것이요,

6. **착심**이 없어지는 것이요,

7. **사심**이 **정심**으로 변하는 것이요,

요망한(妖妄-) 허망하고 망령된.

심상히 간과(尋常-看過) 대수롭지 않게 보아 넘김.

물아(物我) 사물과 나. 객체와 주체.

심락(心樂) 마음의 즐거움.

착심(着心) 집착하는 마음. 주착심.

사심(邪心) 간사하고 바르지 못한 마음.

정심(正心) 바른 마음.

8. 자성의 **혜광**이 나타나는 것이요,

9. 극락을 수용하는 것이요,

10. 생사에 자유를 얻는 것이니라.

4. 단전주(丹田住)의 필요

대범, 좌선이라 함은 마음을 **일경(一境)**에 주하여 모든 생각을 제거함이 예로부터의 **통례**이니, 그러므로 각각 그 주장과 **방편**을 따라 그 주하는 법이 실로 많으나, 마음을 머리나 **외경**에 주한즉 생각이 동하고 기운이 올라 안정이 잘 되지 아니하고, 마음을 단전에 주한즉 생각이 잘 동하지 아니하고 기운도 잘 내리게 되어 안정을 쉽게 얻나니라.

또한, 이 단전주는 좌선에만 긴요할 뿐 아니라 위생상으로도 극히 긴요한 법이라, 마음을 단전에 주하고 **옥지(玉池)**에서 나는 물을 많이 삼켜 내리면 수화가 잘 조화되어 몸에 병고가 감소되고 얼굴이 윤활해지며 **원기**가 충실해지고

혜광(慧光) 지혜 광명.

단전주(丹田住) 마음과 기운을 단전에 주하는 선법.

일경(一境) 하나의 대상.

통례(通例) 일반적 사례.

방편(方便) 부처님이 중생을 구제하기 위하여 사용하는 다양한 방법. 비유적 가르침, 제도, 의식 등.

외경(外境) 바깥 대상.

옥지(玉池) 혀와 아래 치아 사이에서 맑은 침이 나오는 곳.

원기(元氣) 생명활동의 근원이 되는 기운.

심단(心丹)이 되어 능히 수명을 안보하나니, 이 법은 **선정(禪定)**상으로나 위생상으로나 실로 일거 양득하는 법이니라.

　간화선(看話禪)을 주장하는 측에서는 혹 이 단전주 법을 **무기(無記)의 사선(死禪)**에 빠진다 하여 비난을 하기도 하나 간화선은 사람을 따라 임시의 방편은 될지언정 일반적으로 시키기는 어려운 일이니, 만일 화두(話頭)만 오래 계속하면 기운이 올라 병을 얻기가 쉽고 또한 화두에 근본적으로 의심이 걸리지 않는 사람은 선에 취미를 잘 얻지 못하나니라. 그러므로, 우리는 좌선하는 시간과 의두 연마하는 시간을 각각 정하고, 선을 할 때에는 선을 하고 연구를 할 때에는 연구를 하여 **정과 혜를 쌍전**시키나니, 이와 같이 하면 **공적(空寂)**에 빠지지도 아니하고 분별에 떨어지지도 아니하여 능히 **동정 없는 진여성(眞如性)**을 **체득**할 수 있나니라.

심단(心丹) 마음이 일심으로 뭉쳐진 상태.

선정(禪定) 선(禪) 수행.

간화선(看話禪) 화두를 들고 깨침을 얻으려는 선(禪) 수행 방법.

무기(無記) 깨어있지 못하고 혼몽한 상태.

사선(死禪) 생명력을 잃은 죽은 선.

정(定)과 혜(慧)를 쌍전 정과 혜를 함께 온전히 닦는 수행. 정혜쌍수(定慧雙修).

공적(空寂) 공허하여 허무한 상태.

동정(動靜) 없는 진여성(眞如性) 일이 있을 때나 없을 때나 항상 변함이 없는 본래 성품.

체득(體得) 체험하여 얻음.

제5장 의두 요목

1. **세존(世尊)**이 **도솔천**을 떠나지 아니하시고 이미 왕궁가에 내리시며, 모태 중에서 중생 제도하기를 마치셨다 하니 그것이 무슨 뜻인가.

2. 세존이 탄생하사 천상 천하에 **유아 독존(唯我獨尊)**이라 하셨다 하니 그것이 무슨 뜻인가.

3. 세존이 **영산 회상**에서 꽃을 들어 대중에게 보이시니 대중이 다 묵연하되 오직 **가섭 존자(迦葉尊者)**만이 얼굴에 미소를 띠거늘, 세존이 이르시되 내게 있는 **정법 안장(正法眼藏)**을 마하 가섭에게 부치노라 하셨다 하니 그것이 무슨 뜻인가.

4. 세존이 열반(涅槃)에 드실 때에 내가 **녹야원(鹿野苑)**으로부터 **발제하(跋提河)**에 이르기까지 이 중간에 일찌기 한 법도 설한 바가 없노라 하셨다 하니 그것이 무슨 뜻인가.

세존(世尊) 석가모니불에 대한 존칭의 하나. '세상에서 가장 존귀한 이'라는 뜻.

도솔천(兜率天) 천상계의 하나로 석가모니불이 탄생하기 전에 머물렀다고 전해지는 곳.

유아 독존(唯我獨尊) 오직 나 홀로 존귀함.

영산 회상(靈山會上) 석가모니불이 제자들에게 가르침을 베풀었던 초기 교단.

가섭 존자(迦葉尊者) 마하가섭. 석가모니불의 십대 제자 중 한 사람.

정법 안장(正法眼藏) 진리를 볼 수 있는 지혜의 눈으로 깨달은 비밀스러운 법.

녹야원(鹿野苑) 석가모니불이 최초로 설법하신 곳. 인도 갠지즈강 중류, 지금의 바라나시에서 북동쪽 약 7km 지점에 있는 동산.

발제하(跋提河) 석가모니불이 마지막으로 설법하시고 열반에 드신 지역. 인도 쿠시나가라를 경유하는 히란야바티강을 이름.

5. **만법**이 하나에 돌아갔다 하니 하나 그것은 어디로 돌아갈 것인가.

6. 만법으로 더불어 짝하지 않은 것이 그 무엇인가.

7. 만법을 통하여다가 한 마음을 밝히라 하였으니 그것이 무슨 뜻인가.

8. 옛 부처님이 나시기 전에 **응연(凝然)**히 한 상이 둥글었다 하였으니 그것이 무슨 뜻인가.

9. 부모에게 몸을 받기 전 몸은 그 어떠한 몸인가.

10. 사람이 깊이 잠들어 꿈도 없는 때에는 그 아는 **영지**가 어느 곳에 있는가.

11. 일체가 다 마음의 짓는 바라 하였으니 그것이 무슨 뜻인가.

12. 마음이 곧 부처라 하였으니 그것이 무슨 뜻인가.

13. 중생의 윤회되는 것과 모든 부처님의 **해탈**하는 것은 그 원인이 어디 있는가.

14. 잘 수행하는 사람은 자성을 떠나지 않는다 하니 어떠한 것이 자성을 떠나지 않는 공부인가.

15. 마음과 성품과 이치와 기운의 동일한 점은 어떠하며 구분된 내역은 또한 어떠한가.

16. 우주 만물이 비롯이 있고 끝이 있는가 비롯이 없고 끝이 없는가.

17. 만물의 **인과 보복**되는 것이 현생 일은 서로 알고 실행되려니와 후생 일은

만법(萬法) 세상의 모든 존재, 현상, 원리의 통칭.

응연(凝然) 하나로 어려 있는 모습.

영지(靈知) 신령스럽게 아는 마음.

해탈(解脫) 모든 속박에서 벗어난 자유로움.

인과 보복(因果報復) 인과보응.

숙명(宿命)이 이미 매하여서 피차가 서로 알지 못하거니 어떻게 보복이 되는가.

18. 천지는 앎이 없으되 안다 하니 그것이 무슨 뜻인가.

19. 열반을 얻은 사람은 그 영지가 이미 **법신**에 합하였는데, 어찌하여 다시 **개령(個靈)**으로 나누어지며, **전신(前身) 후신(後身)**의 표준이 있게 되는가.

20. 나에게 한 권의 경전이 있으니 **지묵**으로 된 것이 아니라, 한 글자도 없으나 항상 광명을 나툰다 하였으니 그것이 무슨 뜻인가.

제6장 일기법

1. 일기법의 대요

재가·출가와 **유무식**을 막론하고 당일의 유무념 처리와 학습 상황과 계문에

숙명(宿命)이 이미 매(昧)하여서 전생에 대한 기억이 이미 어두워져서.

법신(法身) 대령. 우주의 큰 영성(靈性), 생명.

개령(個靈) 개별적인 영혼, 생명.

전신(前身) 후신(後身) 전신은 전생에 받은 몸. 후신은 후생에 받을 몸.

지묵(紙墨) 종이와 먹. 글.

재가·출가(在家出家) 세간에서 생활하며 수도하는 공부인과 수도 문중에 들어온 전문 공부인.

유무식(有無識) 유식함과 무식함.

범과 유무를 반성하기 위하여 상시 일기법을 제정하였으며, **학원**이나 **선원**에서 훈련을 받는 공부인에게 당일 내 **작업한 시간** 수와 당일의 수입·지출과 심신 작용의 처리 건과 감각·감상을 기재시키기 위하여 정기 일기법을 제정하였나니라.

2. 상시 일기법

1. 유념·무념은 모든 일을 당하여 유념으로 처리한 것과 무념으로 처리한 번수를 조사 기재하되, 하자는 조목과 말자는 조목에 취사하는 주의심을 가지고 한 것은 유념이라 하고, 취사하는 주의심이 없이 한 것은 무념이라 하나니, 처음에는 일이 잘 되었든지 못 되었든지 취사하는 주의심을 놓고 안 놓은 것으로 번수를 계산하나, 공부가 깊어 가면 일이 잘되고 못된 것으로 번수를 계산하는 것이요,

2. 학습 상황 중 수양과 연구의 각 과목은 그 시간 수를 계산하여 기재하며, 예회와 입선은 참석 여부를 대조 기재하는 것이요,

3. 계문은 범과 유무를 대조 기재하되 범과가 있을 때에는 해당 조목에 범한 번수를 기재하는 것이요,

4. 문자와 서식에 능하지 못한 사람을 위하여는 따로이 태조사(太調査) 법을 두어 유념·무념만을 대조하게 하나니, 취사하는 주의심을 가지고 한 것은 흰 콩으로 하고 취사하는 주의심이 없이 한 것은 검은 콩으로 하여, 유념·무

학원(學院) 교육기관.
선원(禪院) 훈련 도량.
작업한 시간 가치 있게 보낸 시간.

념의 번수를 계산하게 하는 것이니라.

3. 정기 일기법

1. 당일의 작업 시간 수를 기재시키는 뜻은 주야 24시간 동안 가치 있게 보낸 시간과 허망하게 보낸 시간을 대조하여, 허송한 시간이 있고 보면 뒷날에는 그렇지 않도록 주의하여 잠시라도 쓸데 없는 시간을 보내지 말자는 것이요,

2. 당일의 수입·지출을 기재시키는 뜻은 수입이 없으면 수입의 **방도**를 준비하여 부지런히 수입을 장만하도록 하며 지출이 많을 때에는 될 수 있는 대로 지출을 줄여서 빈곤을 방지하고 안락을 얻게 함이며, 설사 유족한 사람이라도 놀고 먹는 **폐풍**을 없게 함이요,

3. 심신 작용의 처리 건을 기재시키는 뜻은 당일의 시비를 감정하여 죄복의 결산을 알게 하며 시비 이해를 밝혀 모든 일을 작용할 때 취사의 능력을 얻게 함이요,

4. 감각이나 감상을 기재시키는 뜻은 그 대소 유무의 이치가 밝아지는 정도를 대조하게 함이니라.

방도(方道) 방법이나 방안.
폐풍(弊風) 잘못된 풍조.

제7장 무시선법

    대범, 선(禪)이라 함은 원래에 **분별 주착**이 없는 각자의 성품을 오득하여 마음의 자유를 얻게 하는 공부인바, 예로부터 큰 도에 뜻을 둔 사람으로서 선을 닦지 아니한 일이 없나니라.

    사람이 만일 참다운 선을 닦고자 할진대 먼저 마땅히 **진공(眞空)**으로 **체를 삼고 묘유(妙有)로 용을 삼아** 밖으로 천만 경계를 대하되 부동함은 태산과 같이 하고, 안으로 마음을 지키되 청정함은 허공과 같이 하여 동하여도 동하는 바가 없고 정하여도 정하는 바가 없이 그 마음을 작용하라. 이같이 한즉, 모든 분별이 항상 정을 **여의지 아니하여** 육근을 작용하는 바가 다 **공적 영지**의 자성에 부합이 될 것이니, 이것이 이른바 **대승선(大乘禪)**이요 삼학을 병진하는 공부법이니라.

무시선(無時禪) 언제 어디서나 생활 속에서 하는 선 수행.

분별 주착(分別 住着) 분별은 구별하여 가르는 마음. 주착은 머물러 집착하는 마음.

진공(眞空) 분별 주착이 없이 참으로 텅 빈 마음의 상태.

체(體)를 삼고 근본 바탕으로 삼고.

묘유(妙有) 신령스럽고 조화로운 마음의 작용.

용(用)을 삼아 작용으로 삼아.

여의지 아니하여 떠나지 아니하여.

공적 영지(空寂靈知) 텅 비어 고요한 가운데 신령스럽게 앎.

대승선(大乘禪) 언제 어디서나 모든 사람이 다 행할 수 있고 참다운 깨달음을 얻을 수 있는 선.

그러므로, **경(經)**에 이르시되 「**응하여도 주한 바 없이 그 마음을 내라**」 하시었나니, 이는 곧 천만 경계 중에서 동하지 않는 행을 닦는 대법이라, 이 법이 심히 어려운 것 같으나 닦는 법만 자상히 알고 보면 괭이를 든 농부도 선을 할 수 있고, 마치를 든 **공장(工匠)**도 선을 할 수 있으며, **주판**을 든 점원도 선을 할 수 있고, **정사**를 잡은 관리도 선을 할 수 있으며, 내왕하면서도 선을 할 수 있고, 집에서도 선을 할 수 있나니 어찌 구차히 처소를 택하며 동정을 말하리요.

그러나, 처음으로 선을 닦는 사람은 마음이 마음대로 잘 되지 아니하여 마치 저 소 길들이기와 흡사하나니 잠깐이라도 마음의 고삐를 놓고 보면 곧 **도심**을 상하게 되나니라. 그러므로, 아무리 욕심나는 경계를 대할지라도 끝까지 싸우는 정신을 놓지 아니하고 힘써 행한즉 마음이 차차 **조숙(調熟)**되어 마음을 마음대로 하는 지경에 이르나니, 경계를 대할 때마다 공부할 때가 돌아온 것을 **염두에** 잊지 말고 항상 끌리고 안 끌리는 대중만 잡아갈지니라. 그리하여, 마음을 마음대로 하는 건수가 차차 늘어가는 거동이 있은즉 시시로 평소에 심히 좋아하고 싫어하는 경계에 놓아 맡겨 보되 만일 마음이 여전히 동하면 이는 도

경(經) 『금강경(金剛經)』을 가리킴.

응하여도 주한 바 없이 그 마음을 내라 경계를 대하여 집착된 바가 없이 마음을 작용하라는 뜻. 응무소주이생기심(應無所住而生其心).

공장(工匠) 물건 만드는 것을 직업으로 하는 사람.

주판(珠板) 셈을 하는 데 쓰는 계산 도구 중의 하나.

정사(政事) 정치 또는 행정상의 일.

도심(道心) 정법을 믿고 수행하여 진리를 깨쳐 얻으려는 마음.

조숙(調熟) 골라지고 익어짐.

염두에(念頭-) 마음속에.

심이 미숙한 것이요, 동하지 아니하면 이는 도심이 익어가는 증거인 줄로 알라. 그러나, 마음이 동하지 아니한다 하여 즉시에 방심은 하지 말라. 이는 **심력**을 써서 동하지 아니한 것이요, 자연히 동하지 않은 것이 아니니, 놓아도 동하지 아니하여야 길이 잘 든 것이니라.

사람이 만일 오래오래 선을 계속하여 모든 번뇌를 끊고 마음의 자유를 얻은 즉, **철주의 중심**이 되고 **석벽**의 외면이 되어 부귀 영화도 능히 그 마음을 달래어 가지 못하고 무기와 권세로도 능히 그 마음을 굽히지 못하며, 일체 법을 행하되 걸리고 막히는 바가 없고, **진세(塵世)**에 처하되 항상 **백천 삼매**를 얻을지라, 이 지경에 이른즉 **진대지(盡大地)**가 **일진 법계(一眞法界)**로 화하여 시비 선악과 **염정 제법(染淨諸法)**이 다 **제호(醍醐)**의 **일미(一味)**를 이루리니 이것이 이른바 **불이문(不二門)**이라 생사 자유와 윤회 해탈과 정토 극락이 다 이 문으

심력(心力) 의식적으로 노력하는 마음의 힘.

철주의 중심(鐵柱-中心) 단단하게 세워진 쇠기둥과 같이 흔들림이 없는 마음을 비유.

석벽(石壁) 돌로 이루어진 벽.

진세(塵世) 티끌 세상. 온갖 번뇌가 가득한 인간의 현실 세상을 비유.

백천 삼매(百千三昧) 수많은 일 속에서도 산란함이 없이 지극히 고요하고 평온한 상태를 누림.

진대지(盡大地) 모든 세상. 온 세상.

일진 법계(一眞法界) 하나의 참된 실상의 세계.

염정 제법(染淨諸法) 더럽고 깨끗한 모든 존재와 현상. 번뇌와 보리 등.

제호(醍醐) 우유를 가공하여 만든 것으로 최상의 맛을 지녔다고 전해지는 식품.

일미(一味) 차별이 없는 하나의 맛. 최상의 맛.

불이문(不二門) 둘이 아닌 문. 상대적인 모든 차별이 사라진 세계.

로부터 나오나니라.

　근래에 선을 닦는 무리가 선을 대단히 어렵게 생각하여 처자가 있어도 못할
것이요, 직업을 가져도 못할 것이라 하여, 산중에 들어가 조용히 앉아야만 선
을 할 수 있다는 주견을 가진 사람이 많나니, 이것은 **제법**이 둘 아닌 **대법**을 모
르는 연고라, 만일 앉아야만 선을 하는 것일진대 서는 때는 선을 못 하게 될 것
이니, 앉아서만 하고 서서 못 하는 선은 병든 선이라 어찌 중생을 건지는 대법
이 되리요. 뿐만 아니라, 성품의 자체가 한갓 공적에만 그친 것이 아니니, 만
일 **무정물**과 같은 선을 닦을진대 이것은 성품을 단련하는 선공부가 아니요 **무
용한** 병신을 만드는 일이니라. 그러므로, 시끄러운 데 처해도 마음이 요란하지
아니하고 욕심 경계를 대하여도 마음이 동하지 아니하여야 이것이 참 선이요
참 정이니, 다시 이 무시선의 강령을 들어 말하면 아래와 같나니라.

　「육근(六根)이 **무사(無事)**하면 잡념을 제거하고 일심을 양성하며, 육근이
유사하면 불의를 제거하고 정의를 양성하라.」

제법(諸法) 모든 존재와 현상, 이치.
대법(大法) 큰 법. 크고 참된 가르침.
무정물(無情物) 영식(靈識)이 있는 생명체를 제외한 만물.
무용한(無用-) 쓸모없는.
무사(無事) 일이 없을 때.
유사(有事) 일이 있을 때.

제8장 참회문

음양 상승(陰陽相勝)의 도를 따라 선행자는 후일에 상생(相生)의 과보를 받고 악행자는 후일에 상극(相克)의 과보를 받는 것이 호리도 틀림이 없으되, 영원히 참회 개과하는 사람은 능히 상생 상극의 업력을 벗어나서 죄복을 자유로 할 수 있나니, 그러므로 제불 조사가 이구 동음으로 참회문을 열어 놓으셨나니라.

대범, 참회라 하는 것은 옛 생활을 버리고 새 생활을 개척하는 초보이며, 악도를 놓고 선도에 들어오는 초문이라, 사람이 과거의 잘못을 참회하여 날로 선

참회문(懺悔文) 과거의 잘못을 뉘우치고 새 생활을 다짐하는 글.

음양 상승의 도(道) 음과 양의 두 기운이 서로 작용하여 천지 만물을 생성 변화시키는 원리.

상생(相生)의 과보(果報) 서로 살리는 은혜가 발현되는 결과.

상극(相克)의 과보(果報) 서로 해를 끼치는 해독이 나타나는 결과.

호리(毫釐) 털 끝. 매우 적은 분량을 비유적으로 표현한 말.

참회 개과(懺悔改過) 과거의 잘못을 뉘우치고 고침.

업력(業力) 과보를 나타나게 하는 업의 힘.

죄복(罪福)을 자유 죄와 복에 얽매이지 않고 초월함.

이구동음(異口同音) 이구동성(異口同聲). 여러 사람이 똑같이 말함.

참회문(懺悔門) 참회를 통해 향상할 수 있는 관문(關門)과 길.

악도(惡途) 어둡고 괴로운 길. 또는 육도 중 지옥·아귀·축생·수라계의 윤회를 의미함.

선도(善途) 밝고 행복한 길. 또는 육도 중 천상·인간계의 윤회를 의미함.

초문(初門) 첫 관문.

도를 행한즉 **구업(舊業)**은 점점 사라지고 **신업**은 다시 짓지 아니하여 선도는 날로 가까와지고 악도는 스스로 멀어지나니라. 그러므로, 경에 이르시되 「**전심 작악(前心作惡)**은 구름이 해를 가린 것과 같고 **후심 기선(後心起善)**은 밝은 불이 어둠을 파함과 같나니라」 하시었나니, 죄는 본래 마음으로부터 일어난 것이라 마음이 **멸함**을 따라 반드시 없어질 것이며, 업은 본래 **무명(無明)**인지라 자성의 혜광을 따라 반드시 없어지나니, 죄고에 신음하는 사람들이여! 어찌 이 문에 들지 아니하리요.

그러나, 죄업의 근본은 **탐·진·치(貪瞋痴)**라 아무리 참회를 한다 할지라도 후일에 또다시 악을 범하고 보면 죄도 또한 멸할 날이 없으며, 또는 악도에 떨어질 중죄를 지은 사람이 일시적 참회로써 약간의 복을 짓는다 할지라도 원래의 탐·진·치를 그대로 두고 보면 복은 복대로 받고 죄는 죄대로 남아 있게 되나니, 비하건대 큰 솥 가운데 끓는 물을 냉(冷)하게 만들고자 하는 사람이 위에다가 약간의 냉수만 갖다 붓고, 밑에서 타는 불을 그대로 둔즉 불의 힘은 강하고 냉수의 힘은 약하여 어느 때든지 그 물이 냉해지지 아니함과 같나니라.

구업(舊業) 과거에 지은 업.

신업(新業) 새로 짓는 업.

전심 작악(前心作惡) 죄를 지었던 예전의 마음.

후심 기선(後心起善) 선을 행하려는 이후의 마음.

멸함(滅-) 사라짐.

무명(無明) 근본적인 어두움. 깨닫지 못한 데에서 비롯한 근본적인 어리석음.

탐·진·치(貪瞋痴) 세 가지 해로운 마음(삼독심, 三毒心). 탐심은 욕심내는 마음, 진심은 화내는 마음, 치심은 어리석은 마음.

세상에 **전과(前過)**를 뉘우치는 사람은 많으나 **후과**를 범하지 않는 사람은 적으며, 일시적 참회심으로써 한두 가지의 복을 짓는 사람은 있으나 심중의 탐·진·치는 그대로 두나니 어찌 죄업이 청정하기를 바라리요.

　　참회의 방법은 두 가지가 있으니, 하나는 사참(事懺)이요 하나는 이참(理懺)이라, 사참이라 함은 성심으로 **삼보(三寶)** 전에 죄과를 뉘우치며 날로 모든 선을 행함을 이름이요, 이참이라 함은 원래에 **죄성(罪性)**이 공한 자리를 깨쳐 안으로 모든 번뇌 망상을 제거해 감을 이름이니 사람이 영원히 죄악을 벗어나고자 할진대 마땅히 이를 쌍수하여 밖으로 모든 **선업**을 계속 수행하는 동시에 안으로 자신의 탐·진·치를 제거할지니라. 이같이 한즉, 저 솥 가운데 끓는 물을 냉하게 만들고자 하는 사람이 위에다가 냉수도 많이 붓고 밑에서 타는 불도 꺼버림과 같아서 아무리 **백천 겁**에 쌓이고 쌓인 죄업일지라도 곧 청정해 지나니라.

　　또는, 공부인이 성심으로 참회 수도하여 적적 성성한 **자성불**을 깨쳐 마음의 자유를 얻고 보면, **천업(天業)**을 임의로 하고 생사를 자유로 하여 취할 것도 없고 버릴 것도 없고 미워할 것도 없고 사랑할 것도 없어서, **삼계 육도(三界六**

전과(前過) 과거에 지은 잘못.

후과(後過) 미래에 저지를 수 있는 잘못.

삼보(三寶) 불(佛)·법(法)·승(僧)의 세 가지 보물. 불보는 법신불 또는 깨달음을 얻은 모든 부처. 법보는 부처의 가르침. 승보는 선지식 또는 출가 수행자.

죄성(罪性) 죄업의 근본 바탕.

선업(善業) 착한 행위.

백천겁(百千劫) 수많은 세월.

자성불(自性佛) 본래 성품이 곧 부처임.

천업(天業) 하늘이 내린 업. 천지자연의 조화 속에서 인간이 받는 제약. 생로병사, 윤회 등.

途)가 평등 일미요, 동정 역순이 **무비 삼매(無非三昧)**라, 이러한 사람은 천만 죄고가 더운 물에 얼음 녹듯하여 고도 고가 아니요, 죄도 죄가 아니며, 항상 자성의 혜광이 발하여 진대지가 이 도량이요, 진대지가 이 **정토**라 내외 중간에 털끝만한 **죄상(罪相)**도 찾아볼 수 없나니, 이것이 이른바 **불조의 참회**요, **대승의 참회**라 이 지경에 이르러야 가히 죄업을 마쳤다 하리라.

근래에 자칭 도인의 무리가 왕왕이 출현하여 **계율**과 인과를 중히 알지 아니하고 날로 **자행 자지**를 행하면서 스스로 이르기를 **무애행(無碍行)**이라 하여 **불문(佛門)**을 더럽히는 일이 없지 아니하나니, 이것은 자성의 분별 없는 줄만 알고 분별 있는 줄은 모르는 연고라, 어찌 **유무 초월**의 참 도를 알았다 하리요.

삼계 육도(三界六途) 삼계는 욕계(欲界), 색계(色界), 무색계(無色界)로 중생들이 윤회하는 세계. 육도는 일체생령이 윤회하는 여섯 가지 세계로 천상, 인간, 수라, 축생, 아귀, 지옥을 의미.

평등 일미(平等一味) 차별이 없는 하나의 맛. 윤회의 굴레를 벗어나 모든 세계를 극락으로 수용한다는 의미.

동정 역순(動靜逆順) 일 있을 때와 일 없을 때, 역경과 순경. 언제 어디서나 항상.

무비 삼매(無非三昧) 삼매의 경지가 아님이 없음.

정토(淨土) 번뇌의 속박을 벗어난 불보살들이 사는 청정한 세계.

죄상(罪相) 죄의 모습, 흔적.

불조의 참회(佛祖-懺悔) 부처와 조사가 행하는 진정한 참회.

대승의 참회(大乘-懺悔) 수많은 중생을 죄악에서 벗어나게 하는 참회.

계율(戒律) 악을 범하지 않도록 성자들이 제시한 규범

자행 자지(自行自止) 자기 마음대로 하고 싶으면 하고 하기 싫으면 하지 않음.

무애행(無碍行) 걸림이 없는 행동.

불문(佛門) 부처의 문하.

유무 초월(有無超越) 분별 있음에도 묶이지 않고, 분별 없음에도 빠지지 않는 절대 자유

또는, **견성**만으로써 공부를 다 한 줄로 알고, 견성 후에는 참회도 소용이 없고 수행도 소용이 없다고 생각하는 사람이 많으나, 비록 견성은 하였다 할지라도 천만 번뇌와 모든 착심이 동시에 소멸되는 것이 아니요 또는 **삼대력(三大力)** 을 얻어 **성불**을 하였다 할지라도 **정업(定業)**은 능히 면하지 못하는 것이니, 마땅히 이 점에 주의하여 **사견(邪見)**에 빠지지 말며 불조의 말씀을 오해하여 죄업을 경하게 알지 말지니라.

제9장 심고와 기도

사람이 태어나서 세상을 살아 가기로 하면 자력(自力)과 타력이 같이 필요하나니 자력은 타력의 근본이 되고 타력은 자력의 근본이 되나니라. 그러므로, 자신할 만한 타력을 얻은 사람은 나무 뿌리가 땅을 만남과 같은지라, 우리는 자신할 만한 **법신불(法身佛) 사은**의 은혜와 위력을 알았으니, 이 원만한 사

의 경지.

견성(見性) 본래 성품을 봄. 깨달음.

삼대력(三大力) 삼학 수행을 아울러 닦아 얻은 힘. 수양력, 연구력, 취사력.

성불(成佛) 부처를 이룸.

정업(定業) 정해진 업. 과보를 반드시 불러오는 업.

사견(邪見) 올바르지 못한 견해.

법신불(法身佛) 사은(四恩) 법신불의 무한한 은혜와 위력이 사은을 통해서 나타남을 강조해서 표현한 호칭.

은으로써 신앙의 근원을 삼고 즐거운 일을 당할 때에는 감사를 올리며, 괴로운 일을 당할 때에는 사죄를 올리고, 결정하기 어려운 일을 당할 때에는 결정될 심고와 혹은 설명 기도를 올리며, **난경**을 당할 때에는 순경될 심고와 혹은 설명 기도를 올리고, 순경을 당할 때에는 간사하고 망녕된 곳으로 가지 않도록 심고와 혹은 설명 기도를 하자는 것이니, 이 심고와 기도의 뜻을 잘 알아서 정성으로써 계속하면 지성이면 감천으로 자연히 사은의 위력을 얻어 원하는 바를 이룰 것이며 낙 있는 생활을 하게 될 것이니라.

그러나, 심고와 기도하는 서원에 위반이 되고 보면 도리어 사은의 위력으로써 죄벌이 있나니, 여기에 명심하여 거짓된 심고와 기도를 아니하는 것이 그 본의를 아는 사람이라고 할 것이니라.

심고와 기도를 올릴 때에는 「천지 **하감지위**(下鑑之位), 부모 하감지위, 동포 **응감지위**(應鑑之位), 법률 응감지위, **피은자** 아무는 법신불 사은 전에 고백하옵나이다.」하고 앞에 말한 범위 안에서 각자의 **소회**를 따라 심고와 기도를 하되 상대처가 있는 경우에는 묵상 심고와 실지 기도와 설명 기도를 다 할 수 있고, 상대처가 없는 경우에는 묵상 심고와 설명 기도만 하는 것이니, 묵상 심고는 자기 심중으로만 하는 것이요, 실지 기도는 상대처를 따라 직접 **당처**에 하는 것이요, 설

난경(難境) 어렵고 힘든 경계.
하감지위(下鑑之位) 굽어 살펴주시기를 바라며 마음에 모시는 간절한 표현.
응감지위(應鑑之位) 감응하여 주시기를 바라며 마음에 모시는 간절한 표현.
피은자(被恩者) 은혜 입은 사람.
소회(所懷) 마음속에 품은 바람.
당처(當處) 바로 그 대상.

명 기도는 여러 사람이 잘 듣고 감동이 되어 각성이 생기도록 하는 것이니라.

제10장 불공하는 법

과거의 불공 법과 같이 천지에게 당한 죄복도 불상(佛像)에게 빌고, 부모에게 당한 죄복도 불상에게 빌고, 동포에게 당한 죄복도 불상에게 빌고, 법률에게 당한 죄복도 불상에게만 빌 것이 아니라, 우주 만유는 곧 법신불의 **응화신(應化身)**이니, 당하는 곳마다 부처님(處處佛像)이요, 일일이 불공 법(事事佛供)이라, 천지에게 당한 죄복은 천지에게, 부모에게 당한 죄복은 부모에게, 동포에게 당한 죄복은 동포에게, 법률에게 당한 죄복은 법률에게 비는 것이 사실적인 동시에 반드시 성공하는 불공 법이 될 것이니라.

또는, 그 기한에 있어서도 과거와 같이 막연히 한정 없이 할 것이 아니라 수만 세상 또는 수천 세상을 하여야 성공될 일도 있고, 수백 세상 또는 수십 세상을 하여야 성공될 일도 있고, 한두 세상 또는 수십 년을 하여야 성공될 일도 있고, 수월 수일 또는 한때만 하여도 성공될 일이 있을 것이니, 그 일의 성질을 따라 적당한 기한으로 불공을 하는 것이 또한 사실적인 동시에 반드시 성공하는 법이 될 것이니라.

불공(佛供) 정성을 다해 부처를 받듦.
응화신(應化身) 응하여 나타난 모습. 인연 따라 구체화한 모습.

제11장 계문

1. 보통급(普通級) 십계문

1. **연고** 없이 살생을 말며,

2. 도둑질을 말며,

3. 간음(姦淫)을 말며,

4. 연고 없이 술을 마시지 말며,

5. **잡기(雜技)**를 말며,

6. 악한 말을 말며,

7. 연고 없이 **쟁투(爭鬪)**를 말며,

8. **공금(公金)**을 범하여 쓰지 말며,

9. 연고 없이 **심교 간(心交間)** 금전을 **여수**하지 말며,

10. 연고 없이 담배를 피우지 말라.

계문(戒文) 악을 범하지 않도록 소태산 대종사가 제시한 규범.

보통급(普通級) 원불교 법위 6등급 중의 첫째 단계. 도문(道門)에 처음 입문한 단계.

연고(緣故) 정당한 이유. 까닭.

잡기(雜技) 사행심을 조장하거나 방탕한 생활로 이끄는 놀이.

쟁투(爭鬪) 다투어 싸움.

공금(公金) 공적인 돈.

심교 간(心交間) 마음으로 사귀는 절친한 사이.

여수 빌려주거나 빌림.

2. 특신급(特信級) 십계문

1. 공중사(公衆事)를 단독히 처리하지 말며,

2. 다른 사람의 과실(過失)을 말하지 말며,

3. 금은 보패 구하는 데 정신을 뺏기지 말며,

4. 의복을 빛나게 꾸미지 말며,

5. 정당하지 못한 벗을 좇아 놀지 말며,

6. 두 사람이 아울러 말하지 말며,

7. 신용 없지 말며,

8. 비단 같이 꾸미는 말을 하지 말며,

9. 연고 없이 때 아닌 때 잠자지 말며,

10. 예 아닌 노래 부르고 춤추는 자리에 좇아 놀지 말라.

3. 법마 상전급(法魔相戰級) 십계문

1. 아만심(我慢心)을 내지 말며,

2. 두 아내를 거느리지 말며,

3. 연고 없이 사육(四肉)을 먹지 말며,

특신급(特信級) 원불교 법위 6등급 중의 둘째 단계. 특별한 믿음이 세워진 단계.

공중사(公衆事) 공적인 일.

법마상전급(法魔相戰級) 원불교 법위 6등급 중의 셋째 단계. 속 깊은 공부심으로 삿된 마음을 극복해가는 단계.

아만심(我慢心) 겸손함이 없이 자만하는 마음.

사육(四肉) 네 발 가진 짐승의 고기.

4. 나태(懶怠)하지 말며,

5. 한 입으로 두 말 하지 말며,

6. **망녕된 말**을 하지 말며,

7. 시기심(猜忌心)을 내지 말며,

8. 탐심(貪心)을 내지 말며,

9. 진심(瞋心)을 내지 말며,

10. 치심(痴心)을 내지 말라.

제12장 솔성요론

1. 사람만 믿지 말고 그 법을 믿을 것이요,

2. 열 사람의 법을 응하여 제일 좋은 법으로 믿을 것이요,

3. **사생(四生)** 중 사람이 된 이상에는 배우기를 좋아할 것이요,

4. 지식 있는 사람이 지식이 있다 함으로써 그 배움을 놓지 말 것이요,

5. **주색 낭유(酒色浪遊)**하지 말고 그 시간에 진리를 연구할 것이요,

망녕(忘佞)된 말 이치와 도리에 어긋난 말.

솔성요론(率性要論) 마음을 다스리고 인격 완성을 위해 권장하는 중요 실천 덕목.

사생(四生) 일체 생령이 태어나는 네 가지 유형. 태생은 태를 통해 태어나는 것. 난생은 알로 태어나는 것. 습생은 습지에서 태어나는 것. 화생은 의지한데 없이 태어나는 것.

주색 낭유(酒色浪遊) 주색잡기에 빠져 방탕한 생활을 함.

6. 한 편에 **착(着)**하지 아니할 것이요,

7. 모든 사물을 접응할 때에 공경심을 놓지 말고, 탐한 욕심이 나거든 사자와 같이 무서워할 것이요,

8. **일일 시시(日日時時)**로 자기가 자기를 가르칠 것이요,

9. 무슨 일이든지 잘못된 일이 있고 보면 남을 원망하지 말고 자기를 살필 것이요,

10. 다른 사람의 그릇된 일을 **견문**하여 자기의 그름을 깨칠지언정 그 그름을 드러내지 말 것이요,

11. 다른 사람의 잘된 일을 견문하여 세상에다 **포양**하며 그 잘된 일을 잊어버리지 말 것이요,

12. 정당한 일이거든 내 일을 생각하여 남의 세정을 알아줄 것이요,

13. 정당한 일이거든 아무리 하기 싫어도 죽기로써 할 것이요,

14. 부당한 일이거든 아무리 하고 싶어도 죽기로써 아니할 것이요,

15. 다른 사람의 원 없는 데에는 무슨 일이든지 권하지 말고 자기 할 일만 할 것이요,

16. 어떠한 원을 발하여 그 원을 이루고자 하거든 보고 듣는 대로 원하는 데에 대조하여 연마할 것이니라.

착(着) 집착.
일일 시시(日日時時) 날마다 때때로. 시시때때로.
견문(見聞) 보고 들음.
포양(褒揚) 널리 드러내어 알림.

제13장 최초 법어

1. 수신(修身)의 요법

1. 시대를 따라 학업에 종사하여 모든 학문을 준비할 것이요,

2. 정신을 수양하여 분수 지키는 데 안정을 얻을 것이며, 희·로·애·락의 경우를 당하여도 정의를 잃지 아니할 것이요,

3. **일과 이치**를 연구하여 허위와 사실을 분석하며 시비와 이해를 바르게 판단할 것이요,

4. 응용할 때에 취사하는 주의심을 놓지 아니하고 **지행(知行)**을 같이 할 것이니라.

2. 제가(齊家)의 요법

1. 실업과 의·식·주를 완전히 하고 매일 수입 지출을 대조하여 근검 저축하기를 주장할 것이요,

2. 호주는 견문과 학업을 잊어버리지 아니하며, 자녀의 교육을 잊어버리지 아니하며, 상봉 하솔의 책임을 잊어버리지 아니할 것이요,

최초 법어(最初法語) 소태산 대종사가 대각 후 제자들에게 최초로 설한 법문.
수신(修身) 심신을 바르게 닦음.
일과 이치 인간사와 우주 자연의 이치.
지행(知行) 아는 것과 실행.
제가(齊家) 가정을 바르게 다스림.

3. **가권(家眷)**이 서로 화목하며, 의견 교환하기를 주장할 것이요,

4. 내면으로 **심리** 밝혀 주는 도덕의 **사우(師友)**가 있으며, 외면으로 규칙 밝혀 주는 정치에 복종하여야 할 것이요,

5. 과거와 현재의 모든 가정이 어떠한 희망과 어떠한 방법으로 안락한 가정이 되었으며, 실패한 가정이 되었는가 참조하기를 주의할 것이니라.

3. 강자·약자의 진화(進化)상 요법

1. 강·약의 **대지(大旨)**를 들어 말하면 무슨 일을 물론하고 이기는 것은 강이요, 지는 것은 약이라, 강자는 약자로 인하여 강의 목적을 달하고 약자는 강자로 인하여 강을 얻는 고로 서로 의지하고 서로 바탕하여 친불친이 있나니라.

2. 강자는 약자에게 강을 베풀 때에 **자리이타** 법을 써서 약자를 강자로 진화시키는 것이 영원한 강자가 되는 길이요, 약자는 강자를 선도자로 삼고 어떠한 **천신만고**가 있다 하여도 약자의 자리에서 강자의 자리에 이르기까지 진보하여 가는 것이 다시 없는 강자가 되는 길이니라. 강자가 강자 노릇을 할 때에 어찌하면 이 강이 영원한 강이 되고 어찌하면 이 강이 변하여 약이 되는

가권(家眷) 가족과 권속.

심리(心裏) 속 깊은 마음.

사우(師友) 스승과 벗.

대지(大旨) 대의(大義)와 요지.

자리이타(自利利他) 나와 다른 사람이 함께 이로움.

천신만고(千辛萬苦) 천 가지 매운 것과 만 가지 쓴 것. 온갖 어려운 고비.

것인지 생각 없이 다만 **자리 타해**에만 그치고 보면 아무리 강자라도 약자가 되고 마는 것이요, 약자는 강자 되기 전에 어찌하면 약자가 변하여 강자가 되고 어찌하면 강자가 변하여 약자가 되는 것인지 생각 없이 다만 강자를 대항하기로만 하고 약자가 강자로 진화되는 이치를 찾지 못한다면 또한 영원한 약자가 되고 말 것이니라.

4. 지도인으로서 준비할 요법

1. 지도 받는 사람 이상의 지식을 가질 것이요,

2. 지도 받는 사람에게 신용을 잃지 말 것이요,

3. 지도 받는 사람에게 사리(私利)를 취하지 말 것이요,

4. 일을 당할 때마다 지행을 대조할 것이니라.

제14장 고락에 대한 법문

1. 고락(苦樂)의 설명

대범, 사람이 세상에 나면 싫어하는 것과 좋아하는 것 두 가지가 있으니, 하나는 괴로운 고요 둘은 즐거운 낙이라, 고에도 우연한 고가 있고 사람이 지어

자리 타해(自利他害) 자신만 이롭게 하고 다른 사람을 해롭게 함.

고락(苦樂) 괴로움과 즐거움.

서 받는 고가 있으며, 낙에도 우연한 낙이 있고 사람이 지어서 받는 낙이 있는 바, 고는 사람 사람이 다 싫어하고 낙은 사람 사람이 다 좋아하나니라. 그러나, 고락의 원인을 생각하여 보는 사람은 적은지라, 이 고가 영원한 고가 되는지 고가 변하여 낙이 되는지 낙이라도 영원한 낙이 되는지 낙이 변하여 고가 되는지 생각 없이 살지마는 우리는 정당한 고락과 부정당한 고락을 자상히 알아서 정당한 고락으로 무궁한 세월을 한결같이 지내며, 부정당한 고락은 영원히 오지 아니하도록 **행·주·좌·와·어·묵·동·정** 간에 응용하는 데 온전한 생각으로 취사하기를 주의할 것이니라.

2. 낙을 버리고 고로 들어가는 원인

1. 고락의 근원을 알지 못함이요,
2. 가령 안다 할지라도 실행이 없는 연고요,
3. 보는 대로 듣는 대로 생각나는 대로 자행 자지로 육신과 정신을 아무 **예산 없이** 양성하여 **철석** 같이 굳은 연고요,
4. 육신과 정신을 법으로 **질박아서** 나쁜 습관을 제거하고 정당한 법으로 단련하여 **기질** 변화가 분명히 되기까지 공부를 완전히 아니한 연고요,

---

행·주·좌·와·어·묵·동·정(行住坐臥語默動靜) 움직이고, 머물고, 앉고, 눕고, 말하고, 침묵하고, 일이 있고, 일이 없는 것. 일상생활.

예산 없이(豫算-) 계획성 없이.

철석(鐵石) 쇠와 돌.

질박아서 체질화해서. 몸에 배이도록 단련하여.

기질(氣質) 성질과 습관.

5. 응용하는 가운데 수고 없이 속히 하고자 함이니라.

제15장 병든 사회와 그 치료법

사람도 병이 들어 낫지 못하면 불구자가 되든지 혹은 폐인이 되든지 혹은 죽기까지도 하는 것과 같이, 한 사회도 병이 들었으나 그 지도자가 병든 줄을 알지 못한다든지 설사 안다 할지라도 치료의 성의가 없다든지 하여 그 시일이 오래되고 보면 그 사회는 불완전한 사회가 될 것이며, 혹은 부패한 사회가 될 수도 있으며, 혹은 파멸의 사회가 될 수도 있나니, 한 사회가 병들어가는 증거를 대강 들어 말하자면 각자가 서로 자기 잘못은 알지 못하고 다른 사람의 잘 못하는 것만 많이 드러내는 것이며, 또는 부정당한 의뢰 생활을 하는 것이며, 또는 지도 받을 자리에서 정당한 지도를 잘 받지 아니하는 것이며, 또는 지도 할 자리에서 정당한 지도로써 교화할 줄을 모르는 것이며, 또는 착한 사람은 찬성하고 악한 사람은 불쌍히 여기며, 이로운 것은 저 사람에게 주고 해로운 것은 내가 가지며, 편안한 것은 저 사람을 주고 괴로운 것은 내가 가지는 등의 공익심이 없는 연고이니, 이 병을 치료하기로 하면 자기의 잘못을 항상 조사할 것이며, 부정당한 의뢰 생활을 하지 말 것이며, 지도 받을 자리에서 정당한 지도를 잘 받을 것이며, 지도할 자리에서 정당한 지도로써 교화를 잘 할 것이며, 자리(自利) 주의를 버리고 이타 주의로 나아가면 그 치료가 잘 될 것이며 따라서 그 병이 완쾌되는 동시에 건전하고 평화한 사회가 될 것이니라.

제16장 영육 쌍전 법

과거에는 세간 생활을 하고 보면 수도인이 아니라 하므로 수도인 가운데 직업 없이 놀고 먹는 폐풍이 치성하여 개인·가정·사회·국가에 해독이 많이 미쳐 왔으나, 이제부터는 묵은 세상을 새 세상으로 건설하게 되므로 새 세상의 종교는 수도와 생활이 둘이 아닌 산 종교라야 할 것이니라. 그러므로, 우리는 제불조사 정전(正傳)의 **심인**인 법신불 일원상의 진리와 수양·연구·취사의 삼학으로써 의·식·주를 얻고 의·식·주와 삼학으로써 그 진리를 얻어서 영육을 쌍전하여 개인·가정·사회·국가에 도움이 되게 하자는 것이니라.

제17장 법위등급

공부인의 수행 정도를 따라 여섯 가지 등급의 법위가 있나니 곧 보통급·특신급·법마상전급·법강항마위(法强降魔位)·출가위(出家位)·대각여래위(大覺如來位)니라.

1. 보통급은 유무식·남녀·노소·선악·귀천을 막론하고 처음으로 불문에 귀의하여 보통급 십계를 받은 사람의 급이요,

---

심인(心印) 모든 부처와 성자들이 마음으로 전하는 깨달음의 경지.

2. 특신급은 보통급 십계를 일일이 실행하고, 예비 특신급에 승급하여 특신급 십계를 받아 지키며, 우리의 교리와 법규를 대강 이해하며, 모든 사업이나 생각이나 신앙이나 정성이 다른 세상에 흐르지 않는 사람의 급이요,

3. 법마상전급은 보통급 십계와 특신급 십계를 일일이 실행하고 예비 법마상 전급에 승급하여 법마상전급 십계를 받아 지키며, 법과 마를 일일이 분석하고 우리의 경전 해석에 과히 착오가 없으며, 천만 경계 중에서 사심을 제거하는 데 재미를 붙이고 **무관사(無關事)**에 동하지 않으며, **법마상전**의 뜻을 알아 법마상전을 하되 **인생의 요도**와 **공부의 요도**에 **대기사(大忌事)**는 아니하고, 세밀한 일이라도 반수 이상 법의 승(勝)을 얻는 사람의 급이요,

4. **법강항마**위는 법마상전급 승급 조항을 일일이 실행하고 예비 법강항마위에 승급하여, 육근을 응용하여 법마상전을 하되 법이 백전 백승하며, 우리 경전의 뜻을 일일이 해석하고 대소 유무의 이치에 걸림이 없으며, 생·로·병·사에 해탈을 얻은 사람의 위요,

5. 출가위는 법강항마위 승급 조항을 일일이 실행하고 예비 출가위에 승급하여, 대소 유무의 이치를 따라 인간의 시비 이해를 건설하며, 현재 모든 종교

무관사(無關事) 관여하거나 간섭하지 않아야 할 일.
법마상전(法魔相戰) 법과 마가 서로 싸움. 정심(正心)과 사심(邪心)의 갈등.
인생의 요도(人生-要道) 사람으로서 마땅히 행해야 할 올바르고 요긴한 길.
공부의 요도(工夫-要道) 몸과 마음을 닦는(수행) 올바르고 요긴한 길.
대기사(大忌事) 크게 꺼리고 피해야 할 일.
법강항마(法强降魔) 법이 강하여 마를 항복 받음. 정심이 사심을 제압함.

의 교리를 정통하며, **원근 친소**와 자타의 국한을 벗어나서 일체 생령을 위하여 천신만고와 **함지사지**를 당하여도 여한이 없는 사람의 위요,

6. 대각여래위는 출가위 승급 조항을 일일이 실행하고 예비 대각여래위에 승급하여, 대자 대비로 일체 생령을 제도하되 **만능(萬能)**이 겸비하며, 천만 방편으로 **수기 응변(隨機應變)**하여 교화하되 대의에 어긋남이 없고 교화 받는 사람으로서 그 방편을 알지 못하게 하며, 동하여도 분별에 착이 없고 정하여도 분별이 절도에 맞는 사람의 위니라.

원근 친소(遠近親疎) 멀고 가깝고 친하고 친하지 않은 다양한 인간관계.

함지사지(陷之死地) 위험하고 죽을 고비. 아주 어렵고 위험한 상황.

만능(萬能) 모든 일을 다 할 수 있는 능력.

수기 응변(隨機應變) 상황이나 인연에 따라 원만하게 처리함.

주석 원불교 정전

인쇄	2018년 11월 1일 초판 1쇄 인쇄
발행	2018년 11월 9일 초판 1쇄 발행

발행처	원불교100년기념성업회
편찬위원장	이성전
주석연구위원	성도종, 김기원, 김도공, 이용선, 염관진, 이대진

펴낸이	주영삼
펴낸곳	원불교출판사
출판신고	1980년 4월 25일(제1980-000001호)
주소	전라북도 익산시 익산대로 501
전화	063)854-0784
팩스	063)852-0784

www.wonbook.co.kr

값 8,000원

ISBN 978-89-8076-329-0(03200)